中年的選擇

LEARNING TO LOVE MIDLIFE
12 REASONS WHY LIFE GETS BETTER WITH AGE

奇普・康利 CHIP CONLEY ──著

廖建容──譯

Hope this helps with your roadmap for midlife.
All the best,
Chip Conley

希望這本書對你的中年規劃有所助益。

祝一切順利！

奇普‧康利

目次

推薦序　「第三人生」使用說明書　　　　　　　李清志　　7

推薦序　繞點路，享受生命裡未曾預期的美好　　姜學斌　　11

推薦序　在人生中庭翩翩起舞　　　　　　　　　文心藍　　15

推薦序　有覺知的熱愛：轉化中年人生秘笈　　　石世明　　19

序　言　兩種中年人生　　　　　　　　　　　　　　　　　23

PART 1　物質人生

1　我剩下的壽命比我以為的更長　　　　　　　　　　　44

2　我的身體不再定義我，使我如釋重負　　　　　　　　61

PART 2　情感人生

3　我正在跟情緒交朋友　　　　　　　　　　　　　　　80

4　我投資社交健康　　　　　　　　　　　　　　　　　95

5　我不需要管那麼多了　　　　　　　　　　　　　　108

PART 3　心智人生

6　我的智慧令我驚奇　　　　　　　　　　122

7　我明白了我的故事對自己的意義　　　　136

8　我學會改編我的人生劇本　　　　　　　156

PART 4　職業人生

9　我歡喜的跳下人生跑步機　　　　　　　170

10　我開始體驗時間富裕　　　　　　　　　189

PART 5　靈性人生

11　我找到了我的靈魂　　　　　　　　　　204

12　我覺得自己好像變完整了　　　　　　　220

後記　畫出新的中年地圖　　　　　　　　　　233

致謝　　　　　　　　　　　　　　　　　　　239

參考書目　　　　　　　　　　　　　　　　　243

推薦序
「第三人生」使用說明書

建築學者　李清志

　　最近我提早退休，離開我待了三十多年的大學校園，當年我二十八歲從美國回來，就開始在大學校園任教，如今幾十年過去，感覺人生一瞬。

　　有人說：「你退休了，是不是閒閒沒事做，每天睡到飽？」

　　我跟他說：「其實我每天都很忙！提早退休不是為了休息，而是為了給自己更多時間，做自己想做的事情！」

　　其實我很早就常常思考自己的人生，我想到在舊約詩篇中，摩西說：「我們一生的年日是七十歲，若是強壯可到八十歲；但其中所矜誇的不過是勞苦愁煩，轉眼成空，我們便如飛而去。」因此他向神禱告：「求你指教我，怎樣數算自己的日子，好叫我們得著智慧的心。」

我很早就開始數算自己的日子！

我的人生第一個階段二十八年都在讀書準備，第二個二十八年都在教書工作，我原本就計畫 56 歲退休，進入第三人生，無奈人生難料，遇到世紀疫情，打亂了我的退休計畫，直到最近才終於順利退休。

過去人們對於退休的概念，就是大學畢業開始工作，一直做到 65 歲退休，然後開始遊山玩水，享受人生，慢慢等待人生的結束。過去人們的歲數大概就像摩西所說的是 70 歲，強壯的人則活到 80 歲，所以退休後的「餘生」真的不多，可能只有五～十年間而已。不過隨著醫療養生的進步發展，人類的壽命逐漸延長，建築家安藤忠雄就曾說：「過去我們用八十歲來規劃人生，現在則是要以一百歲來規劃。」

可悲的是，隨著第三人生的時間的變長，人們卻變得不知所措，因為我們花了二十多年的時間，為第二人生來準備，但是面對可能還有三十多年的第三人生，我們大多數人卻沒有任何規劃或準備？

本書作者康利寫的新書《中年的選擇》提醒我們要好好規劃第三人生，因為這段時間可能是你人生中最重要、且最有價值的一段生命。

在這本書中，他重新定義並詮釋「中年」這個字眼，過去

我們常常談「中年危機」，總覺得「中年」是令人厭惡的負面字眼，但是作者認為人生到中年才真正準備要破繭而出。事實上，根據調查，在整個人生中，年輕時對生命的滿意度蠻高的，但是隨著年歲增長，工作壓力、家庭壓力、經濟壓力，讓人生的滿意度降到最低，但是隨著年歲增長，人生滿意度竟然越來越高，可見邁入第三人生其實是開始進入人生的黃金時代。

在這個階段，你累積了足夠的經驗與智慧，然後有更多的財富與時間，人生下半場應該是充滿期待的未來，是「重新發現」的過程。

作者強調中年之後更要尋求生命的意義，而不是像年少時只追求成就感與物質的滿足，此時應該著重內心靈性的平靜與滿足。此外，不要停止好奇與學習，讓生活持續注入新鮮感，同時也要學習擁抱逐漸老化的過程；扮演智者的角色，在生活中將自己的經驗傳承給下一代。

面對人類壽命的不斷延長，很多人不知道如何去面對第三人生？這本書猶如第三人生的使用說明書，幫助我們好好地去面對中年後的人生，預備好自己的心態，去規劃善用這段美好的歲月，並為自己營造出一個有意義的人生。

推薦序
繞點路，享受生命裡未曾預期的美好

聊癒之森身心診所院長　姜學斌

我討厭教我怎樣好好過人生的書。與此同時，卻也嚮往著假如我自己的人生有份使用說明書，那該多好。

好在，這本書沒有企圖說教，作者像個自鳴得意的雅痞，小心翼翼地推銷著他的中年人生使用說明書給你看。而且是那種，即便賣弄或堆疊他人生軌跡上拾來的牙慧，也讓你不討厭，甚至，是那種很容易識破的真誠。

作為一個身心科醫師，我的工作日常，就是聆聽他人的生命故事，整理、淬鍊、濃縮、清創、鋪平，再拿到個案的面前，溫柔地曝曬，並且不厭其煩地告訴他，你看，這是你至今的人生，你，滿意嗎？然後，你想怎麼做，都是自由的。而我，我會見證與陪伴，陪你這一段。

很多時候,中年人的憂鬱是這樣的劇本:努力成為孩子眼中的好爸爸、伴侶身旁的稱職愛人、值得父母與他人炫耀的乖女兒、讓老闆可以安心依賴的可靠下屬,但是,拔掉這些頭銜,他不知道自己是誰。因為我們身處的這世代,從小就被叮嚀要乖要聽話,長大後的快樂與悲傷也要節制,氾濫的新知與焦慮的社群逼迫我們,成為一個又包容又堅定、不過度柔嫩更不太過武斷的現代人。於是,我們充滿包袱,偷走了對方的創傷,卻不敢坦承自己脆弱的秘密,反而,成為甚麼都是,卻也甚麼都不是的大人。

成為自己原本也討厭的,循規蹈矩a.k.a.隨波逐流的大人

今年我的人生體悟是,我只賺得了我能賺的錢。年紀漸長,除了醫師工作,上醫醫國,我擔任公家單位的委員或是培訓課程的講師,變成家常便飯。一開始我幾乎來者不拒,散客也要做,能講的能督導的,只要時間允許,我都答應。導致今年前半的我,存款雖然上升,卻充實的很不情願,我被瓜分、被壓縮,我想當個廢物,卻只會繼續工作,來證明我是大家眼中的那個,很棒的我。可怕的是,我是虐待我自己的加害者,也是不願承認自我極限的受害人。於是我發現,我背叛了我自己,嗯,世俗的說法,這算一種「中年危機」吧?

為什麼想到中年，第一個會接上去的詞語，都是危機呢？

作者努力想扭轉這樣的刻板印象，有沒有可能頌讚中年，讓我們大喊中年萬歲呢？

隨著科技進步，人類餘命不斷延長，延長的不只是老年，還有尚未退休的中年。過往經典哲學思想裡的生命歷程，與我這一輩人的回頭一望，終究是不同了。中年的我們被年輕原生網路世代與前所未有的高齡化社會夾殺，再怎麼不願意，我們都要成為中流砥柱的時候，已然到來。但是，這真的是我要的嗎？現下眼前的一切，我真的是被這些東西定義出的嗎？

因為作者不是專業的心理學家，所以，他用一種更平易近人的語言，分享自己的中年，告訴你，怎麼取捨，如何把握。書裡面沒有什麼艱澀的心理學理論，透過如何正視情緒、拆解挑選社交的重要性、專注在自己能改變與在乎的事物、培養智慧，而不僅僅是增加學識、重新定義自己的生命目標與時間分配，讓我們變成更完整的人。

我尤其喜歡作者這個比喻：人生上半場是透過不要輸給別人的渴望，與不惜付出健康與尊嚴的代價，也要換來成功的自我滿足，中年危機就如同在跑步機上停不下來，卻也並未前進的尷尬。是時候，跳下跑步機，繞點路，享受生命裡未曾預期的美好。

書的字數不多,背後的思考與智慧卻是豐富而精煉的。如果你也開始對你的 40 歲或 50 歲感到遲疑,歡迎你,投資這點時間,把這本書,隨興地看一遍。於是你會知道,你是自由的,你是有許多選擇的。

推薦序
在人生中庭翩翩起舞

職場作家　文心藍

當收到《中年的選擇》這本書的初稿，我才剛做出一個艱困的中年決策：決定離開經營一段時間的外商職場，重新轉換跑道，投入背景與氛圍迥異的新興領域。

做出這個決定之前，我有長達一年半的時間，陷溺在伸手不見五指的中年危機裡。就像在觀看一部將音效調整為靜音的恐怖片，表面看似正常，然而隨時隨地會竄出殺手或黑影，將自己撕裂吞噬得一乾二淨。

書中的序言，引用各家說法，形容得貼切：「中年人生崩解」，由焦慮、憂鬱、絕望、失控所組成，讓你抓狂，卻不足以讓局外人覺得你很苦。所以，總是有餘裕假裝一切沒事。

我真正意識到自己出了大事，其實是因為一件微不足道的

小事。當時,複雜的情緒一湧而上,我在車水馬龍的十字路口,哭得肝腸寸斷,一度驚動了交警前來調解。

那一刻,我亂哄哄的腦子裡,激烈交纏著許多詰問:我是誰?我在哪?我到底怎麼了?我的人生為什麼會荒謬走鐘至此?

最後,我求助於心理諮商。透過漫長的自剖和對談,我逐漸看清,失序,來自深沉的恐懼。恐懼馬齒徒增,自己完全沒有變成理想中的人設。屆滿四十五歲的這一年,升遷無望、人際閉鎖、教養與工作的雙重壓力,使我和伴侶之間的關係備受考驗,時常感覺分崩離析、無望無告。

這本書之所以如此吸引我,不只是因為紮實描摹了人在中年,從物質、情感、心智、職業、靈性等各層面的轉變,並幽默分享該如何因應的智慧;甚至為「中年」重新打造煥然一新的品牌形象,將之比擬為「中庭」和「蝶蛹」。

「中庭」,是一間房子的中心,而「蝶蛹」則是毛毛蟲羽化成蝶的關鍵轉折期,兩者都象徵了「中年」具有承先啟後的力量,而非僅剩日薄西山的感嘆。身處中年的我們,亟需給自己時間,將感官投入當下覺察,盡可能從這個蟄伏的階段,發掘真正的自己。

引領我重拾生活節奏的靈丹妙藥,說來也巧,就是作者在

書中提到的其一關竅:「在中年重新學習當個菜鳥」,從跌跌撞撞學腳踏車開始,慢慢將挑戰延伸到如何精準下 AI 指令的技巧。過程雖然笨拙,我不只一次拍打手腳與腦袋,嫌棄自己不夠靈光,但當初步的成果顯現,我發現,儘管在人生中場,我仍然有能力,做出超越自己的神奇事蹟。

因此,隨著這本書讀到尾聲,對於我在中年做出的抉擇,心態日趨篤定。有很大一部分的原因,正得力於中年「蛹化」的沉潛,我終於明白,中年是一個持續延展的進程,距離蓋棺定論的終點,還很遙遠。無論幾歲,只要不放棄探索,我們都能重新創造自己。

如同這本書反覆提及的一個觀點,不要在中年追求完美,而追求完整,感覺自我四分五裂,其實是內在整合的全新契機。我將這次的職涯抉擇,視為中年壯遊,也是邁向自我的朝聖之路,相信沿途見聞,必能豐富人生中庭的瑰麗景深。這一次,長大的不只有熟齡年歲,亦有斑斕奪目的真我蝶翼,從中破繭長成、起舞翩翩。

祝福在中年起步的各位,一路順風!

(本文作者為人類圖準分析師)

推薦序
有覺知的熱愛：轉化中年人生秘笈

樸石學堂創辦人　石世明

從終點出發

在本書序言，作者寫道：中年猶如進入蝶蛹，「在蝶蛹保護下，蛻變的魔法開始發生⋯⋯」。這句話深深吸引我的目光，讓我回想起二十多年前，在安寧病房陪伴末期病人的經驗。當時指導我的余德慧老師曾說：「身體的衰敗為心靈轉化提供動力。」如同毛毛蟲變蝴蝶，臨終階段是有形的身體，向無形的心靈蛻變的歷程。

迴異於一般人想像，切近臨終病人，在日日夜夜的照顧與陪伴裡，我們發現：在難以避免，看似災難的表象下，隱藏著不易覺察、卻又深刻美好的風光。

「25歲，我不遺憾！」

在那段服務期間，我陪伴過一位年輕病人約七週時間。他18歲初罹癌，完成大學後考上研究所，發現第二個癌，治療不到半年，第三個癌出現，最後癌細胞轉移到骨頭，他就主動聯繫住到安寧病房。入院時，他已相當消瘦，因肺積水無法平躺，雙腿明顯水腫，但精神算不錯，樂意與人交談。當時我幾乎每天去探望，聆聽他分享罹癌以來，對生命的思考、困惑和掙扎。

在安寧病房，他體會到「知識不等於智慧」，知識可從課堂上獲得，智慧要靠人生歷練。他領悟到：病前只看到自己，病後才真正感受到他人的關愛。在與家人互動和志工關懷中，他明白要「捨／得、放下、感恩」，這不僅解答他深層的疑惑，也讓他看到老天的關愛……他說：人生這樣就夠了，25歲我不遺憾！

在健康時，有可能活出美麗的蝴蝶？

這個陪伴經驗無疑震撼了我和整個醫療團隊，讓我真實感受到：臨終歷程的確如同毛毛蟲變蝴蝶，身體敗壞讓一個人在幾週內轉化進入全然不同的存在。

之後，我默問自己：「是否，人一定要等到臨終，才會有此轉化？」「當我們還在健康時，有沒有可能活出不同的存在樣態？」受到健康身體所支撐的自我意識如此強大，社會現實又牢不可破，內心的轉化如何能出現？許多人可以活到80歲或90歲，活得久難道就不遺憾？

中年之前的人生，只不過是彩排

作者奇普・康利似乎用這一整本書，來回答我的問題。有意思的是，他也用毛毛蟲變蝴蝶的比喻，來說明「中年」在人一生中，具有多麼寶貴的地位，同時中年又是充滿崩解、自我懷疑、難受，並且容易錯失。如何承認中年的我，既不是過去的自己，也還沒有變成未來的自己，我們渴求的豐盛人生，得透過靜心蟄伏，才能破繭而出。

人的第一生涯往往被「不得已」推著前行，按照世俗認知、社會壓力和對家人的責任，來建構自我，常在與他人比較中評判自己。作者主張「人生五十才開始。在那之前的人生只不過是彩排而已……」然而，要突破五十年來的慣性並不容易；把中年視為第二個青春期，並給予自己三～五年時間來進行過渡，作者在本書透過十二個大方向，一步步帶領我們有意識的走入中年轉化期。

以當下之心，在蝶蛹中修煉

曾經，有一位 70 幾歲女性，不顧先生善意勸阻，每週從中部搭高鐵到台北，參加我帶領的正念課。在第一週探索意圖的活動，成員們被問到「為何我來到這裡？」輪到這位成員時，她用優雅而堅定的語調說「我是要來尋找自我」。

專注望著她的我和其他成員，頓時講不出話，原本歡愉的氛圍，瞬間凍結為五秒鐘的靜默。我很難知道此刻大家的腦中出現了什麼？她接著說：「這麼多年來，我一直為先生小孩孫子每天團團轉，現在我很想要知道，怎麼樣可以為我自己而活。」

為自己而活，的確需要修煉與準備。祝福每位有幸讀到此書的朋友，都能帶著覺知，活出豐盛美好的人生。

序言

兩種中年人生

中年就像是人生階段的洛尼・丹吉菲爾德（Rodney Dangerfield）*所言：它不被尊重。

我盯著天花板，再度上演舊金山夜未眠，我知道，我明天必須再打一次相同的仗，而且會更慘更累。

「我到底哪裡有問題？！」這個問題在45歲左右開始一直陰魂不散的跟著我。我痛恨我的生活，一部分的原因是生活正在分崩離析。但我把生活的碎片當成救命的浮木一般，緊緊抓住。

更糟的是，我感到全然的孤立無援，就像一個離鄉背景的傻瓜。

---

* 譯注：丹吉菲爾德是美國單口喜劇演員，他最常說的一句話是：「我不被尊重。」

人到中年，會開始擔心人生可能不會像自己所期待的那樣發展。我們或許會覺得機會不再來，或覺得自己的渴望可能無法實現。或是覺得我們背叛了自己，沒有活出自己想要的人生。我們看著鏡中的自己，覺得非常陌生。

不過，當我們把中年視為一個轉化的機會，我們心裡某個深刻美好的東西會開始覺醒。對我而言，中年這個人生階段有兩個版本：先上演很糟的版本，然後才上演很棒的版本。人生真的是愈陳愈香。

我深信這個社會完全不了解中年的好。我們總是抱持（並接受）一個看法：人生若是一個高爾夫球場，中年就是把球打進障礙沙坑，而且永遠出不來。流行文化對於中年普遍有一個刻板印象，那就是我們只能模仿電影《美國心玫瑰情》（American Beauty）裡凱文・史貝西（Kevin Spacey）飾演的角色：買一輛1970年出廠的紅色龐蒂克火鳥（Pontiac Firebird）跑車，暗地裡對著高中女兒的性感密友直流口水。我知道，那個畫面很難看！

簡而言之，中年有非常嚴重的品牌問題。

英文「中年」（midlife）一詞最早出現在1818年，但一直要到1960年代中期，它才成為流行文化的語彙，而且它比較不像是一種生活狀態，而像是一種特質。沒錯，在二十世紀，中年

確實有一些標誌,像是更年期、空巢期、父母離世、慶祝在職二十五週年。不過,中年往往也意味著覺得卡關、乏善可陳與不滿足。因此,它幾乎總是被視為一種痛苦⋯⋯,以及做出瘋狂與自私行為的爛藉口。

有哪個人生階段會像中年一樣,與「危機」黏緊緊(危機的定義是「充滿困難、麻煩或危險的時期」)?「中年危機」聽起來很老套,對嗎?不過,有趣的是,「危機」(crisis)一字源自希臘文 krinein,意思是「根據判斷做出決定」。換句話說,我們對自己的人生擁有主導權。這使得中年這個品牌給了我們一種不同的感覺,不是嗎?或許,中年並非「發生在你身上」的人生階段,而是「為你而發生」的人生階段,這個階段解鎖了一大票截然不同的選項。哇,我突然覺得前方一片光明!

耶魯大學的貝卡‧雷維(Becca Levy)博士指出,當我們對老化的認知從負面轉為正面,我們的健康情況也會跟著改善,包括更平衡的生活、更願意嘗試新事物、更高的認知功能、更滿意的性生活,以及其他種種好處。

雷維也指出,當我們改變對老化的看法,我們的壽命會延長七年半。驚人的是,這比我們在 50 歲戒菸或是開始運動所延長的壽命更長。用新的眼光看變老這件事,可以為健康帶來許多好處,我們的政府怎麼從來不宣導這個觀念?

本書注定要為中年的優點負起宣傳的責任：喚醒大家的意識，看見中年階段令人喜出望外的樂趣與喜悅（由我這個前旅館業者來喚醒大家，似乎再適合不過了，不是嗎？）。一般來說，隨著年紀增長，我們會變得比較有智慧、比較不衝動、比較慷慨，也比較快樂。我們的人生變得更有味道了。

我知道，在現今這個歧視老年的社會，上述說法聽起來極其刺耳，但變老其實比大多數人所想的更令人嚮往。我們不需要忍受中年人生，而是要熱愛中年人生。繼續讀下去，你就會知道原因。

中年人生就像蝶蛹

你如何知道自己已經步入中年？我覺得中年正潛伏在我的四周，蠢蠢欲動。

中年一般定義為 40～65 歲之間的階段。有愈來愈多的科學家相信，中年階段在近幾年拉長了，許多年輕的知識工作者由於人工智慧的出現，而覺得自己提早被淘汰了，還有許多人出於自願或被迫將退休年齡推遲。在美國，有一個關於中年發展的權威研究（美國的中年人生〔Midlife in the United States〕），是以 25～74 歲的成人為研究對象。

這個世界上的百歲人瑞愈來愈多，因此我認為可以把中年定義為 35～75 歲（有愈來愈多的社會學家有相同的看法）。如同青春期是童年與成年之間的過渡，或許中年的角色之一，是作為成年與老年之間的過渡。

　　我認為中年可分為三個階段。在早期階段（從 35～50 歲），我們通常會經歷身體與情緒的變化與挑戰，有點像是成人的青春期。我們意識到自己不再年輕，但也不算老，我們有一種彷彿脫胎換骨的感覺。中年人生的核心階段是 50～59 歲，我們開始適應這個新的人生階段，並看見中年的一些優點（你稍後會在本書讀到）。中年的後期大約是從 60～75 歲，我們還有足夠的體力工作並過著活躍的生活，同時有足夠的人生經歷看見並規劃未來：老年階段。我今年 63 歲，剛開始熟悉中年的第三階段，但我也知道，身體此時會開始提醒我們，它不想被忽略。

　　當然，每個人經歷這三個階段的時間表不盡相同。中年主要是關於感覺，而不是年紀。如同其他的人生階段，每個人發展的進度也不盡相同。

　　塔菲‧布羅德塞爾—阿克納（Taffy Brodesser-Akner）的進度就跟一般人截然不同。她寫了一本探討中年人生的書《弗萊斯曼有麻煩了》（*Fleishman Is in Trouble*），這本書後來拍成了影

集。她說，她的中年危機比大多數人來得更早。塔菲在33歲時曾接受全美公共廣播電台（NPR）《新鮮空氣》（Fresh Air）節目的訪問，當時她的孩子才1歲。她並不像自己原本所想的，從電影學校畢業後就擁有飛黃騰達的事業，而她的其他同學看起來都發展得很成功。她說，「中年來到對我來說是一個很大的打擊。」

但我的老爸爸史提夫屬於另外一種極端，他說，他的中年人生一路持續到75歲，他的事業直到那個時候才開始走下坡。

無論人們對中年的定義是幾歲，對許多人來說，人生五十才開始。在那之前的人生只不過是彩排而已。

幸好，我們可以在字典裡找到一個對中年比較正面的描述。你如果用字典查C開頭的字，你會找到chrysalis這個字，意思是「過渡型態」。當一隻毛毛蟲成熟時，牠會用少許絲線把自己固定在一個細枝上，然後形成一個蝶蛹。在蝶蛹的保護之下，蛻變的魔法開始發生。這個過程雖然有點暗、有點黏糊糊的，而且必須獨自經歷，但這是一種轉化，而非危機。然後，我們知道，毛毛蟲蛻變之後，會變成一隻翩翩起舞的美麗蝴蝶。

假如你順從蝶蛹的呼喚，那代表你必須停止不斷積聚的動作（就像毛毛蟲不停的吃葉子），那代表你必須放下年輕時代

的思維、習慣、身分認同、故事與決定，因為那些已經無法反映我們是怎樣的人，或是我們注定要成為的人。據報導，搖滾音樂家大衛・鮑伊（David Bowie）離世之前曾說，「變老是一個美妙的過程，使你成為你注定要成為的人。」

中年是內省的好時機，是從靜止走向自由的旅程。如果我們的中年人生召喚是「變成蝴蝶」，那麼我們就必須超越毛毛蟲的階段。

毛毛蟲吃葉子，蝶蛹轉化，蝴蝶授粉。剛進入中年時，我們所積聚的東西大多會消失，然後準備好要轉化，並且在50歲之後，將我們的智慧傳授給這個世界。

中年人生崩解

中年人生是巨大轉變啟動的第一步。各種失望接踵而來。父母離世、孩子離家、評估財務狀況、換工作、換配偶、荷爾蒙失控、健康檢查報告令人膽顫心驚、成癮行為根深蒂固，對人生的意義愈來愈好奇。作家布芮尼・布朗（Brené Brown）把這個階段稱為「中年人生崩解」（midlife unraveling）。

讓我們來拆解「崩解」這個詞。我一聽到這個詞的反應是，「喔，我不希望這種事發生在我身上！」它聽起來像是有

東西分崩離析了。

我愈思索這個詞，愈覺得這個詞用得很好。在我 45～50 歲的人生，我經歷過那種崩解，還有嚴重的焦慮。我當時覺得，比起十年之前的我，我不再有那麼多時間可以用來「修正」我的人生。

在我 45～50 歲那段期間，我覺得自己在許多層面都很失敗。我維持很久的伴侶關係結束了；公司因為經濟大衰退岌岌可危；已成年的養子遭冤枉即將入獄。

我在那段時間也面臨了死亡的威脅；有一些朋友離開了這個世界；我的健康狀況也亮起紅燈。我的人生正在嚴重崩解。

我在 47 歲曾有過瀕死體驗，在那發生之前的幾個星期，我向一個多年老友形容自己為「輕微受傷同時神經緊張」。我的自信心與別人對我的看法緊緊綁在一起，使我覺得自己就像是舊金山的鐘樓怪人，包括內在與外在。

對許多人來說，中年感覺起來像是永遠沒有結束的一天，他們對自己和這個世界感到極度失望。那或許是我的五位中年男性友人（大多數是四十多歲）選擇輕生的原因之一，當時我也正在經歷自己的中年人生挑戰。

在那五個過世的朋友當中，其中一位名叫奇普‧漢金斯（Chip Hankins），他是我的翻版。我們的暱稱都是「奇普」，

我們在同一年出生，在公眾場合都展現外向的個性，但私底下相當內向，而且有憂鬱的特質。我們的朋友喜歡來找我們聊心事，實情是，奇普有點像是我的靈性指導者。

然而，奇普雖然經常幫助朋友，但他卻不願意向自己承認，他也身陷自己構築的黑暗隧道，獨自承受身體與情緒上的痛苦。

在奇普的追悼會上聆聽「奇普的故事」，給我一種超現實的感覺。他的朋友談論的不是我，但我清楚意識到，我很可能是下一個英年早逝的人。

就在那段期間，我開始把我的惡夢告訴朋友，我經常夢見自己得到癌症和發生車禍。我覺得我的生命動能和千篇一律的生活把我困住了，我很想找到出路。我覺得自己正行駛在沒有盡頭的高速公路上，精疲力竭，非常渴望有個維修站或是交流道能出現。

參加奇普的追悼會之後不到兩個月，我經歷了偽裝成危機的奇蹟，當時我因為腳踝受傷和腿部感染服用抗生素，結果引發嚴重的過敏反應。我在聖路易斯的演講一結束，就立刻倒在台上，生命垂危。

那次的瀕死體驗幫助我看見，原來在不知不覺中，我離喜樂的源頭愈來愈遠，這跟我的人設有很大的衝突，因為我創立

的公司名叫 Joie de Vivre（生命的喜悅）。我的好友布魯斯・法勒（Bruce Feiler）是個有智慧又喜歡思考的人，他把我的世界崩潰稱作「人生大地震」（但我稱之為「人生倒楣到極點」）。

不過，在經歷中年人生初期的黑暗面之後，我發現我在50歲時進入了光明。瀕死體驗發生不到兩年，我在市場行情最差的時候賣掉公司，結束了問題重重的戀愛關係，設法幫我的養子洗刷冤屈、免於牢獄之災，並且意識到我的輕生念頭是我自己作繭自縛的身分認同所導致的。我想方設法努力從我的事業脫身，這個事業在過去二十年來定義了我的身分認同：精品旅館的創辦人暨執行長。

我閒閒沒事，於是成天躺在後院的吊床聽瑞奇・李・瓊斯（Rickie Lee Jones）的歌曲，研究我一直感興趣的主題：情緒的本質、人們為何愈來愈熱愛慶典、形成溫泉的地球物理學。

我的人生處於最佳狀態，一部分的原因是我又開始跟人約會了。但我同時開始猜想，我是不是在商業界無足輕重。勞勃・狄尼洛（Robert De Niro）在電影《高年級實習生》（Intern）說，「音樂家從不退休。當他們的腦袋裡不再有音樂，他們的音樂生涯就結束了。」我知道我還有一些「音樂」想與人分享，但我不確定要跟誰分享。

就在52歲時，我接到了布萊恩・切斯基（Brian Chesky）的

電話，他是正在快速成長的新創科技公司 Airbnb 的共同創辦人暨執行長。布萊恩問我，是否願意協助他和另一位共同創辦人「把民主注入旅館業」。一開始，我認為住房共享是很糟的點子。但我根本大錯特錯！我並不是唯一一個未能察覺這位千禧世代顛覆者悄然逼近的酒店業者。

我決定成為 Airbnb 的內部導師暨高階領導人。七年之後，Airbnb 已成長為全球最有價值的旅館業者，而我被封為 Airbnb 的「現代長老」，因為他們說，我的好奇心不亞於我的智慧。感謝他們，不過，就在不到十年之前，我覺得自己像個「現代敗筆」。

我從 40～50 歲那十年，經歷了許多充滿挑戰的轉變，而我發現，50～60 歲的階段讓我更認識自己是誰。我在這段時間成長為我一直想成為的那個人，這個時期並不完美，但我在這個時期放下了許多不再適用的身分認同。我覺得我得到了另一個成年期。

與此同時，我的好奇心再次把我帶到我想探索的新議題：中年，在二十世紀誕生的三個人生階段的其中之一。但中年與另外兩個階段（青春期和退休）不同，它往往遭人嫌棄，也沒有人好好加以研究。在僅有的少數研究中，幾乎都是男人研究男人。中年總是跟一個糟糕的品牌綁在一起，也就是「中年危

機」，這個名詞存在的時間幾乎跟我的歲數一樣。

布芮尼說：

> 中年人生崩解是一連串痛苦的提醒，由輕微的焦慮與憂鬱、低調的絕望與暗中滋生的失控組成……它足以讓你抓狂，但通常不足以讓局外人覺得你很苦，或是給你一些幫助和喘口氣的時間。這種折磨很危險，它之所以危險，是因為你還有餘裕可以假裝一切沒事。

這是我默默把我對人生絕大部分的不滿足，暗自吞進肚子的原因之一。我不想讓別人覺得我是個愛抱怨、不知感恩的人。「中年危機」聽起來似乎非常任性，不是嗎？因此，我往往獨自承受痛苦，儘管有許多人（不只是少數的人生勝利組）和我有相同的經驗。別再默不作聲了！我們所經歷的是很正常的事，不需要隱藏。

我經常在想，我那五個英年早逝的朋友沒有意識到，中年人生的早期階段其實就像是青春期，它只是座落在湍急惡水上的一座大橋。但你不需要像我一樣經歷瀕死體驗，才明白這座橋會將你帶往安全的對岸。

是的，你的中年人生崩解可能很棘手，你需要有足夠的支持與愛陪伴你，才能撐過去。不過，它也給你機會，頭一次瞥

見一個不平凡的人生。

尋找中年人生中庭

　　現代人的壽命是前所未有的長。有些人認為，這代表我們的老年會被拉長。兼具人類學家與作家身分的瑪麗・凱瑟琳・貝特森（Mary Catherine Bateson）說，我們都想錯了。壽命變長不是我們的老年延長，而是中年拉長了。中年人生的長度增加了，就像我們的腰圍尺寸。貝特森拿房子作比喻，中年人生不是在你家後院加蓋幾個房間，而是把「中年人生中庭」的概念引進你的家。

　　創造中年人生中庭指的是，改變整個房子或是我們餘生的藍圖。這意味我們要把家裡的牆移位，在生命的中心位置創造一個充滿新鮮空氣和陽光的中庭。有些人預估，出生在已開發國家的孩子有半數會活到 100 歲。因此，我們應該開始重新建構社會的生命藍圖，創造一個空間讓人們反思，要如何有意識的規劃成年人生的下半場。

　　一百多年前，心理學家卡爾・榮格（Carl Jung）曾問，「這個世界上有沒有讓 40 歲的人去就讀的大學？那些大學可以幫助他們為接下來的人生與人生的各種要求做好準備，就像一般

的大學可以幫助年輕人認識這個世界一樣。」換句話說，我們要上哪裡去找這個灑滿了陽光的中庭？需要有人在這個中庭，為我們催生某些中年人生的頓悟嗎？

某種程度上，新冠疫情期間有大量中年的企業員工暫時離開全職工作，似乎預示著集體的中年中庭正在浮現。數百萬名中年人離開工作崗位與辦公隔間，「走向中庭」！

也有愈來愈多人開始尋找這種有他人陪伴的反思空間。加入 Chief（專屬女性）與 Vistage 這類對等式中年專業人士網絡的會員愈來愈多。與大學合作的中年過渡計畫，像是史丹佛大學的「卓越職涯研究所」（Distinguished Careers Institute）、哈佛大學的「進階領導力倡議」（Advanced Leadership Initiative）與聖母大學的「啟發領導力倡議」（Inspired Leadership Initiative）在全球性大學聯盟 Nexel Collaborative 的推廣下，也不斷增長。

與 SoulCycle 類似的 F3 健身房不僅激勵中年男性鍛練強健的體態，同時讓會員有機會建立情感與心靈的連結。就連刻意建立的社群（60、70 年代的嬉皮式社群）也來勢洶洶的捲土重來，以中年人為目標，這些中年人想尋找同為退休者的歸屬感，而不是退休後的孤立感。中年人生中庭隨處可見！

過去幾年來，我有幸能與數千名來到現代長老學院的中年人密切合作，他們的年齡範圍從 28～88 歲（平均年齡是 54

歲），他們想要重新想像自己的樣貌，以及重新找到自己的人生目標：創造有深度、有意義的長壽人生。

現代長老學院有三個實體校區，一個校區在墨西哥的南下加州（Baja California Sur）的海濱，另一個校區是在新墨西哥州佔地四平方英里的一個巨大再生社區與牧場，最後一個校區是使用聖塔菲（Santa Fe）一家歷史悠久的天主教神學院與避靜中心（即將在2026年開幕）。我們的線上校區提供深度的沉浸式體驗學習，探討目標、轉變，以及其他與中年相關的主題。

現代長老學院是全世界第一所中年智慧學校，透過「終身學習」，致力於把光和空間帶進中年人生中庭。我們發現，智慧不是用教的，而是要分享的。

沉浸在這樣一個新社群，當中全是互相支持的中年人，他們正在有意識的規劃人生的下半場，這是一個可以激發反思、玩心和成長的機會。

這是成人的夏令營，裡面有滿滿的奇思妙想與智慧。當人們願意拋開對退休的可怕看法，為了未來的黃金歲月重新創造自己，這種學習型社群（人生第二次的體驗式教育）將會變得愈來愈普遍。

人生絕對不只有如此

你是不是擔心自己已經別無選擇，彷彿你錯過了高速公路最後一個出口，被迫繼續猛踩油門，而車子卻快要沒有油了？

人生的旅程並非只有一缸汽油，你以人生上半場的學歷、人際關係與事業為燃料，期待你的學識和經驗能提供足夠的能量和動力，讓你撐一輩子。其實，人生至少需要兩缸汽油。要避免開到半路沒油，我們需要到休息站去加油。我希望以下的故事能給你一些啟發。

安‧蓋勒威（Ang Galloway）是澳洲人，今年53歲，她發現自己來到了中年人生休息站。在人生的上半場，她走的是大多數人走的路。高中畢業後去上大學，然後開始工作、結婚、養兒育女、離婚。這條路不是她自己規劃的，她沒有為自己尋找人生方向，只是不假思索的按照社會為她安排好的路走下去。

多年來，安把犧牲自己視為她的成功。問題是，數十年來她一直把別人看得比自己重要，以致忘了要如何讓自己開心、把自己擺在第一位。她將自己切割成無數個小碎片，一片一片分給別人，直到一片也不剩。

她把自己的大半輩子奉獻給她的家庭，但她的家庭到後來

不再需要她了。她的家人一個一個離開,最後,安發現身邊一個人也不剩,她的人生讓她感到很陌生,就像是粉筆畫出來的空心人形。她夢想中的自己彷彿是個鬼魂,陰魂不散的跟著她,向她低語,「人生絕對不只有如此」。

安將年少時代的抱負封存,放在不遠之處,心想只要時候對了,隨時可以再拿出來。直到有一天,她突然醒悟,「對的時候」一直沒有出現,就算它曾經出現,她也錯過了。

此時的她已正式把過去的人生清空,但還沒有入住新的人生。有一部分的她,對於過去二十年來她的世界中倍感溫暖的熟悉感和安全感,念念不忘。另一部分的她,一想到未知未來的無限可能性,就覺得無比解放和興奮。安對於過去的人生心懷感恩,同時又渴求可以得到更多,但得到更多的什麼呢?

安知道,社會傳承給她的中年以後的人生藍圖,並無法反映她想要的人生。但她也說不清楚,自己到底在尋找什麼。她只知道,她渴望重新找回放蕩不羈的心與愛冒險的靈魂,過去多年來,她的熱情已經被社會的期待澆熄了。

安說:

> 就整個社會來說,我們就像是中了長壽樂透,但我們還不知道該如何運用這贏來的壽命。過去我一直使用社會

給我的地圖，但很顯然這張地圖只規劃到中年階段。我站在模稜兩可的模糊地帶，一方面對於各種可能性感到興奮，另一方面對於充滿未知的未來感到害怕。

安說，她不再是過去的自己，不過也還沒有變成未來的自己。她是還沒變成蝴蝶的蝶蛹。

她決定要設計自己的中庭。「過去發生的一切其實不太像是計畫，更像是個過程。」她回憶道。「重新想像和重新覺醒的過程促使我意識到，我渴求的豐盛人生其實一直在我的內心蟄伏，等著破繭而出。」

時間可能是個獨裁者，也可能是個解救者。安以「黃金空檔年」（Golden Gap Year）的形式，讓自己承認並慶祝，她正從成人期過渡到長老期。她說，「這是一個機會，可以跨入充滿好奇心與驚奇的未知領域，並重新想像人生的可能樣貌。」於是，她展開了朝聖之旅，從雪梨飛到墨西哥偏遠的海邊小鎮，與一群志同道合的中年人，一起參加現代長老學院為期一週的工作坊。

儘管中年人生感覺像是一個人獨行的旅程，但它通常在安全的社會容器內發生，使得我們容許自己用新的方式存在，並認識一切。

我們要如何找到安全的容器,來進行改變人生的對話?據說史懷哲(Albert Schweitzer)曾說,「無論是誰,到了人生的某個時間點,我們內心的火會熄滅。當我們遇到另一個人,這把火才會再次燃燒起來。我們要感謝那些讓我們的靈性重新活躍起來的人。」

我要如何愈老愈快樂?

社會與個人對於變老的說法往往相反。

社會告訴我們,中年代表我們踏上了充滿疾病、衰殘與孤寂的漫長旅程,朝著死亡邁進。但 U 形幸福研究(我們將在第 4 章詳述)告訴我們,成年之後,我們的人生滿意度會先向下坡走,在 45～50 歲之間到達谷底,然後人生會在 50、60、70 歲的階段變得愈來愈好、愈來愈幸福,許多人的情況甚至延續到 80、90 歲。

或許幸福有可能自動降臨?只要再多過幾次生日就行了!這並不難,不是嗎?

我在我的部落格「智慧之井」(Wisdom Well)列出了十二個勇敢的冒險,說明我為何愈老愈快樂。這十二個理由是本書每一章的起點,包括我們在中年經歷的物質、情感、心智、職

業和靈性的轉變。我希望本書能幫助你清楚看見，人生中間階段的旅程是你這一生轉變最大的時期。你可以用這本書來引導你，學習不僅愛上中年人生，也愛上中年的自己。

你或許會發現，你對某些章節比較有共鳴，像是「我的身體不再定義我，使我如釋重負」（第2章）、「我投資社交健康」（第4章）、「我學會改編我的人生劇本」（第8章），或是「我歡喜的跳下人生跑步機」（第9章）。你不一定要按照先後順序閱讀。你體驗本書（以及人生）的旅程，完全由你來定義。不過，我希望你能花一點時間，思索各章當中的提問（以灰色鋪底顯示，除了第5章和第7章）。把那些提問當作體驗專屬於你的成長工作坊的機會。

什麼能使你隨著年齡增長而變得更好？你的「十二個勇敢的冒險」清單是什麼樣子？

與十年或二十年前相比，現在的你是否更快樂、更自由？

隨著年齡的增長，你學會愛上孢子甘藍和古典音樂，或許，現在是時候學習愛上中年人生了。

作者的 TED 演講

PART 1

物質人生

1
我剩下的壽命比我以為的更長

你有百分之幾的成年人生，在前方等著你？

2018 年，我跟 80 歲的老爸到印尼去潛水。我爸在 60 歲學會潛水，在接下來的二十年，他潛水超過二千次，大多是在加州長灘的太平洋水族館（Aquarium of the Pacific），他會在固定時間與鯊魚共游，讓參觀者看得目瞪口呆。

有一天早上，在我們第一次下水之前，我做了一個線上測驗，測驗結果告訴我，我可能會活到 98 歲。哇，誰會想得到呢！？我沒有把這件事告訴我爸，就在我們要潛下水的時候，我問我爸，他覺得他會活到幾歲。他想了一下，然後給了我一個令我驚訝的答案，「98 歲」！

最神奇的部分是，如果他的預測是準確的，那麼他的成年人生只過了不到四分之三。對於 57 歲的我來說，如果我能活

到98歲，那麼我的成年人生只過了不到一半。這個領悟為我開啟了許多大門與可能性，為我的生命重新注入活力。在那之後，我曾（笨手笨腳的）嘗試衝浪，第一次嘗試說西班牙話，也開始學打匹克球（pickleball，我知道，六十多歲的人全都應該會玩匹克球……）。我相信，當你意識到你還有很長的人生在等著你，你會比較願意嘗試新事物。

羅基・布倫根（Rocky Blumhagen）已經七十多歲，但他看起來很年輕，而且他總是覺得自己處於身心合一的狀態。他熱切的相信，他還在中年階段，因為他相信自己會活到100歲。羅基超級注重養生。在新冠肺炎疫情期間，他曾連續一千天透過Zoom帶領一群朋友練昆達里尼瑜珈（kundalini yoga）。但羅基從來沒學過衝浪，他到墨西哥來看我的時候，他認為衝浪是一種「通過儀禮」（rite of passage）。就像一個正在學走路的幼兒，你爬起來，然後跌倒，再站起來，然後再跌倒。

羅基覺得學衝浪的經歷非常勵志，尤其在他剛進入七字頭的人生階段。他用許多瑜珈原則來幫助他與海浪融為一體。他練衝浪的時候，身後會有一個年輕的衝浪指導員陪他，這件事使他想到，當我們嘗試新的事物與挑戰，尤其年紀已經不小的時候，每個人的身後最好有一盞明燈，為我們指引方向。他說，「我們一群人一起做這件事（涵蓋各種年齡、膚色和體

型),這給了我額外的安全感與力量,能在落水後重新站上衝浪板。隨著年紀愈來愈大,我們在嘗試新事物的時候,為何再也感覺不到這種革命情感?」

當你聽到快要 50 歲的朋友對中年人生的種種失望發出感嘆,「我最後怎麼變成了這個樣子?」請發揮一點耐心並提醒,他們的年紀離「最後」還很遠,他們甚至連中場休息時間都還沒到。

正如作家潔特・普薩里斯(Jett Psaris)說的,「當你到中年時,你的人生故事只說了一半。」在我成年之後,我一直為自己的人生感到焦急,因此,當我知道我有機會慶祝 98 歲生日之後,我對於要如何設計人生下半場,就更須要靜下心來好好思考。有時候,我覺得自己像個年輕人,正在探索一個令人目不暇給的花園。

你現在知道或做過的哪些事,是你希望十年前就知道或做過的?假如你現在不學或不做哪些事,會讓十年後的你感到後悔?是什麼妨礙了你?

預先想想未來可能會後悔的事,並採取行動防止它發生,是你在人生的任何時候都能擁抱的一種智慧。

從三幕劇變成四幕劇

你知道嗎？《慾望城市》（Sex in the City）的續作《慾望城市：華麗下半場》（And Just Like That）主角的年紀，與《黃金女郎》（the Golden Girls）的主角在 1985 年開拍時的年紀相同。三位黃金女郎當時大約 50 歲上下。搞什麼？！螢幕上的凱莉‧布雷蕭（Carrie Bradshaw）和她的女朋友們看起來比貝蒂‧懷特（Betty White）與碧翠絲‧亞瑟（Bea Arthur）年輕很多！時代、服飾與時髦感變了很多，不是嗎？

二十世紀的社會學家把人生視為一齣三幕結構的戲劇，或是三組八千天，第一幕戲在你大約 21 歲時落幕，第二幕在你 45 歲左右落幕，最後一幕在你 65 歲生日時落幕，當時你正要退休，而且可能不久之後就過世了。

但現在，假如你是美國人，如果你能活到 65 歲，你至少有 50％ 的機率會活到 85 歲；那是另外一組八千天，也就是二十年。

一個世紀之前，你可能活不到 65 歲。但現在，假如我們在 50 歲時身體健康，可能還有五十年可活。從這個觀點來看，我們會發現，中年人生代表的不是結束的開端，而是四幕結構戲劇的長時間中場休息。

人們為何嚴重低估自己剩下的壽命？一個原因在於，我們對壽命統計數據的錯誤解讀。當我們聽見有人說，美國男性的平均壽命是 76 歲，會認為假如現在是 65 歲，那代表會在十一年之後過世。然而，當一位男性活到 65 歲，相比於出生時，他的期望壽命可以再增加六年，換句話說，他可能會活到 82 歲，因為他撐過了童年和少壯時期的許多人生風險。

年紀愈長，你愈可能超越平均壽命。我們該翻新我們的「壽命識讀」（longevity literacy）了。

美國教師退休基金會（TIAA Institute）與喬治華盛頓大學（George Washington University）在 2023 年的研究報告指出，在接受調查的中年人當中，有 53 % 的人在思考期望壽命時「使用不正確的資訊」。當我們低估了自己的期望壽命，往往會對未來較不樂觀，也較不願意嘗試新事物。當我們把自己的保存期限低估了十年，存款將不足以支撐中年之後的人生。我們既不去學衝浪，也沒有存夠錢！

不過，如同我們不能概括認定，中年人生的起點和終點在哪裡，也不能概括認定，人的壽命長度有多少，尤其在疫情之後，大多數國家的期望壽命都下降了。影響壽命的因素有很多，包括遺傳、社經地位和居住城市等。從許多方面來說，壽命反映的不只是一個國家的健康情況，也反映出科學進展、政

策錯誤，以及社會不平等的狀況。

當我們到了中年，我們需要開始區分壽命跨度（life span）與健康跨度（health span）。前者指的是，我們活得多久。後者指的是，我們活得多好：我們免於嚴重疾病之苦，以及擁有自主生活能力的時間有多長。幸好，健康跨度也在不斷提高；實情是，假如你活到 85 歲，你的人生可能在最後一組的八千天仍然相當活躍。你的生理老化速度不一定要和你的年紀變化速度同步。

我們已經把全球壽命「量」的部分搞對了，也就是期望壽命在二十世紀增加了三十年。現在，我們也要把「質」的部分弄清楚，使人們不但活得久，而且活得有深度、有意義。

現代長老學院的教師之一丹·布特尼（Dan Buettner）曾進行知名的「藍色寶地」（Blue Zones）研究，想了解世界上哪些區域的人最長壽。他提出與健康長壽最相關的九個因素，我用我自己的說法來表達：

1. 自然的活動

世上最長壽的人喜歡從事園藝與散步。他們不一定會健身。

2. 有使命感

有清楚的使命感能讓期望壽命增加七～八年。

3. 慢活

壽命跨度大,以及健康跨度大的人,會把降低壓力與提升心理健康的練習融入日常生活。

4. 遵行八分飽飲食原則

健康的中年人只吃到八分飽。

5. 吃蔬食

飲食以蔬果為主,再加上少許肉類,這種飲食方式能延長好幾年壽命。

6. 適量飲酒

住在藍色寶地的人經常且適量喝酒,他們通常和朋友一起喝酒,有時會一邊吃飯、一邊喝酒。

7. 屬於某個信仰社群

每週參加宗教禮拜能讓期望壽命增加四～十四年。

8. 看重所愛的人

百歲人瑞與他們的家人(無論有沒有血緣關係)有很深的連結。

9. 找到對健康有益的群體

長壽的人所屬的社交圈會支持他們採取對健康有益的行

為，也會給他們情感連結。

假如你現在活在「廢話寶地」（blah zone），那麼過著「藍色寶地」居民的生活方式，能延長你待在地球上的時間。請記住，過去那些造成微小妨礙的習慣，到了中年可能會開始要你付出代價。進入中年的我們要開始提醒自己，我們有能力影響自己還能活多久。

回應人生的召喚

史丹佛長壽中心（Stanford Center on Longevity）的蘿拉·卡斯滕森（Laura Carstensen）的研究指出，當人們知道未來的時日有限，他們會活得比較快樂，因為他們會更珍惜每一天。蘿拉也提出一個新穎的主張：我們可以考慮廢除退休的觀念，而把工作、受教育與休假的時期分散安排在我們的一生當中，藉此擺脫「三階段人生」的轄制（在 20 歲之前一直在學習，工作到 60 歲左右退休，然後過著退休生活一直到過世）。

蘿拉最近問我，假如我從現在開始改成一週工作四天，但要放棄退休，我是否願意這麼做？這是個很有啟發性的提問，非常適合中年人來想像，要如何規劃比原本預期更長的人生。

這也是值得我們深思的提問，因為彈性工作現在愈來愈流行了。

當我發現，現代長老學院有許多千禧世代的學員，我感到很驚訝，因為學院的名稱有「長老」一詞。有些學員是所屬產業的長老（例如，在矽谷工作的38歲工程師），有些學員重新思考中年的概念，把中年視為回應人生召喚，而不是充滿危機的時期。許多人推翻了三階段人生的看法，而是認為人生由一系列的十年組成，每工作幾年就休息一段時間，不斷循環。還有一些人認為中年危機根本不存在，因為他們從來不受世界規範的束縛，不過，他們多多少少還是受到這個不再那麼穩定的世界影響。

我小時候會玩桌遊「生命之旅」（Game of Life），並學會了線性思考。在那個年代，只有一條路能通往美國式的成功。但千禧世代跟我不同，他們會不斷的重新評估與迭代；他們按照自己的步調前進。許多人決定晚一點結婚，晚一點生小孩，重新思考是否遵行一夫一妻制，以嬰兒潮世代從來沒想過的方式整合工作與生活。他們是及時行樂世代。現在，有許多千禧世代的人正進入中年，自己有一套不同的做法。

在某種程度上，我非常希望擁有千禧世代的成長經歷。我可以向他們學習很多東西，學習如何欣賞與優化我未來的加長

人生。

你的年齡是流動的嗎？

　　1981 年，哈佛心理學家艾倫‧蘭格（Ellen Langer）創造了一個生活的時間膠囊。她找來一群七十多歲到八十多歲的人，把他們放在一個設計過的復古環境裡，這個環境看起來很像是回到他們職業生涯巔峰的那個年代，包括對話方式、衣著、藝術、食物、音樂等。他們在那個環境生活了一個星期。蘭格把它稱作「逆時針方向」實驗，她想要知道，假如人們有機會徹底在自己年輕的時代生活，他們會不會覺得自己也變年輕了。

　　答案是肯定的。那一個星期的實驗結束時，大多數的參與者在體能與認知能力呈現出大幅度的進步。大多數人發現，他們其實還能運用他們以為已經失去的能力。他們的聽力、記憶力、靈巧性、食慾與整體幸福感都有顯著的進步。這個結果充分印證了一個說法：「年齡是心靈層面的問題，如果你不介意，那就無所謂。」

　　有一次，我在演講時用「年齡流動」（age-fluid）來描述一個年齡完全取決於個人想法的世界，也就是一個我們不讓變老的恐懼定義我們的世界。在那個世界裡，我們可以把時鐘調到

過去的任何一個時間點。在現今這個性別流動的時代，年齡流動的概念真的有那麼難以理解嗎？

這個詞似乎引起了聽眾的共鳴，因此，當我步下講台之後，我立刻用 Google 查了一下「年齡流動」這個詞。線上字典查不到這個詞，除了城市詞典（Urban Dictionary），上面的定義是「將戀童癖合理化的說詞」。

哇，我完全不是那個意思！於是我有一段時間不再使用那個詞。但後來有一次，我帶領一個工作坊的時候，「年齡流動」像打地鼠遊戲的地鼠一樣自己冒出來，人們再次表現出興趣。因此，我決定翻新它的意思。

年齡流動係指不認為自己有固定的年齡，或是屬於某個特定世代的人。年齡流動的人在過去可能被稱作「無齡」（ageless）。然而，那個定義（不顯老或青春永駐）不符合我的語境。現在，年齡流動的人完全不在乎自己看起來比他們的實際年齡更年輕或更老。他們把年齡（或是人生階段）視為一種身分或戲服，可穿可脫。

假如你對年齡流動的概念心存懷疑，我想提醒你，現在有許多新創公司正在為你的身體創造信用評分。只要透過你的血液、尿液和唾液，他們就能揭露你的生理年齡，這個年齡可能比你的實際年齡更高或更低。然後他們會提供行動計畫，向你

推薦一套為你量身打造的生活方式。因此,如果日後你面試一位求職者時,他信誓旦旦對你說,雖然他的身分證顯示他是 60 歲,但他的醫生說他只有 45 歲,你千萬不要感到訝異。

> **心靈工作坊**
>
> 在這個時代,你可能比祖父母長壽很多,你也可以接受一個不那麼線性發展的人生,你要如何變得更「年齡流動」?假如要重新思考人生的里程碑,以及你希望它什麼時候發生,你會如何做?假如你允許用自己的步調過生活,會怎麼樣?

安然度過轉變時期

哈佛教授丹尼爾‧吉爾伯特(Dan Gilbert)曾說,「人類是製作中的作品,但他們卻誤以為自己是完成品。」我同意。無論是什麼年紀,人們總是嚴重低估未來會經歷的改變。當我們的壽命變得更長,這件事就顯得格外重要了。我不確定羅基會不會在五十年前告訴你,他會在 70 歲開始學衝浪。

我不知道你的情況是怎樣,但從來沒有人教過我如何掌管人生中的變化。從來沒有人教過我們這件事,難怪我們對於人生中的轉變充滿擔憂。中年人生有太多的轉變,有些是生

理上的,更多是心理或靈性上的轉變。當然,我們活著的時間愈長,就有愈多機會經歷轉變。嫺熟的度過轉變是一種心智能力,在中年階段,打造我們的轉變智商(Transitional IQ, TQ)(我的同事傑夫・哈馬維〔Jeff Hamaoui〕與卡利・卡迪內〔Kari Cardinale〕稱之為 TQ),是一件非常重要的事。

當我們抗拒轉變,其實是在抗拒它包含的三個階段。可能不願意拋下過去;可能抗拒過渡狀態(liminal state,也稱為「亂七八糟的中間地帶」)的混亂;可能抗拒充滿風險的新開始所夾帶的不確定性。

克里斯・蕭爾(Chris Shore)住在印第安納波利斯(Indianapolis)的郊區,過著安穩的生活。他並不是那麼想改變現有的舒適生活。他和高中認識的女友結婚,生了四個孩子,到 60 歲時,他已經有四個孫子。他當了三十多年的牧師。他喜歡牧師這份工作,但他也想學習如何成為年輕領導者的導師,而這正是他來到現代長老學院的原因。

他並不期待這個經歷會將他帶往一條全新的道路,但他帶著兩個新的思維離開:「我不一定要擔任教會牧師來實現我的呼召、使命或命運」,以及「我要採取行動來轉換到下一個職業」。

回家之後,克里斯一直在思索這些領悟,但他很快就回歸

原來的生活（就和許多人一樣），在那個時候，他不想為自己的職業生涯製造任何麻煩。然後在 2021 年，他被迫面對一連串既不是他的選擇，也沒有準備好的轉變：他被診斷有帕金森氏症，面臨突如其來的職業改變，以及一位最要好的朋友罹癌過世。這些預料之外的事件使這一年成為他一生中最具挑戰的時期。他的信仰受到考驗，他的觀點受到挑戰，他對未來的感覺又喜又憂，互相拉扯。

諷刺的是，他曾引導數百個人度過類似的人生風暴。他是資深的牧師，他有很豐富的經驗，在人們面臨健康問題、意外的人生境遇和損失時，用傾聽與安慰支持他們，並提供建議。一直以來，他的健康狀況非常良好，也從來沒有被辭退工作。此外，除了他的祖父在多年前過世之外，這些年來，他不曾經歷任何喪親之痛。

然而，現在教會的新任領導人決定撤銷克里斯的職位，帶領教會朝著新的方向發展。於是，60 歲的克里斯失業了，他的履歷表上只有一項資歷：牧養教會。他的人生前景堪憂。幸好，會眾當中有些人看見了他的價值，認為他是一個經驗豐富的領導人。現在，克里斯在商業界一家不斷成長的公司工作。這個改變不是一個輕鬆的挑戰，但這個轉變帶給他新的活力與喜樂，並證明他有改變成長的能力。

在前途未卜、忐忑不安摸索前進的過程中，克里斯靠著他的 TQ 看見了新的人生道路，並向過去道別。他靠著過去的人生經歷活到現在，但那些經歷已經無法支持他邁向未來。儘管他的健康狀況令他擔憂，但他打算再多活幾十年，因此，他對於轉變的三階段認知可以幫助他度過餘生。

過渡狀態是人生的本質，它常使我們覺得自己的立足之地不夠穩固。在中年階段覺得自己失去人生方向，會令我們感到不自在，但這是很普遍的事。中年人生充滿了意料之外的事情與挑戰。但學會擁抱這些過渡狀態，會為我們開啟許多新的選擇。

如果你想在期望壽命拉長的過程中提升你的 TQ，可以思考下列三個問題：

1. 你能向童年時期的自己學到什麼？你在小時候自己學會走路、度過了青春期、開始談戀愛（或許被初戀情人甩了），在從事新的工作時感覺抓不到要領。是的，在那些時期，你常感到不舒服，但你撐過來了。你能從自己處理應付那些狀況的經驗學到什麼？現在的你比年輕時代的自己，更知道如何應對過渡時期嗎？恰好相反？為什麼？

2. 你正處於轉變的哪個階段？毛毛蟲、蝶蛹，或是蝴蝶？了解自己正處於哪個階段，可以讓你知道如何對自己發揮更多耐心。對毛毛蟲來說，完成儀式是結束某件事的重點。待在蝶蛹裡的時間可以幫助你找到新與舊之間的敘事線，使亂七八糟的中間地帶產生意義。擁抱作為新手的樂趣，是以蝴蝶之姿進入新的未來的最佳策略。

3. 完美主義或不耐煩是否妨礙了你向前進？作家布魯斯·法勒（Bruce Feiler）的作品告訴我們，成人的轉變一般要花三～五年的時間來完成，因此，不要期待你會在一夜之間從蝶蛹孵化出來。有一些訣竅可以加速這個形態轉變的過程，但追求完美不是訣竅之一。

不要在中場時間放棄

阿拉巴馬大學美式足球隊傳奇教練貝爾·布萊恩特（Bear Bryant）有句名言，「不要在中場時間放棄」。這對我們所有人都是很好的忠告。你如何準備你的成年人生下半場？如果上半場的重點是學習規則，下半場的重點會不會是打破那些規則？你需要打破的一個主要規則是，社會總是告訴你中年人生很無

聊,而且了無新意。掙脫傳統,掙脫舊習慣,掙脫束縛!

你很可能會活得很久。當你知道自己未來的人生還很漫長,你會用哪些不同的方式來規劃人生?

> **心靈工作坊**
>
> 在你的工作生涯結束之前,你願意每十年至少規劃一個空檔年嗎?
>
> 假如你能回學校讀一年書,會選修什麼科目?會如何把那些知識運用在人生中?
>
> 假如你只剩下五～十年的壽命,打算如何過你的餘生?
>
> 假如你能活到100歲,你打算如何過你的餘生?

2

我的身體不再定義我，
使我如釋重負

正當我開始習慣自己的皮囊，它就開始鬆弛下垂了。

　　我們對於變老的擔憂太過聚焦身體看起來的樣子，以致於沒有讓自己做好準備，好好體會中年人生是什麼感覺。

　　變老是一個特權、是時間的禮物。但許多人在談論中年時，只專注在我們失去了什麼：我們在聊天時會異口同聲的說，身體的哪些功能退化了，同時渴望能重新追回青春的美貌與年輕時的肌肉。假如我們以更自然的方式騰出一點空間給年紀的變化，掙脫外貌帶來的外在壓力，中年人生一定會變得有意思多了，不是嗎？

　　讓我們承認吧，變老是所有人都看得出來的。我們能隱藏自己其他的事，但我們的羞愧、自豪或修飾總是會把我們的年

紀顯露出來。無論一張臉經過多麼出神入化的化妝技巧修飾，或是後移的髮際線恢復到原來的位置，所有人都能看出這個人的年紀其實更大。我們對於壽命延長的感受，其實會透過我們努力想要隱藏的舉動，以及接受或抗拒多出來的年歲的方式表現出來。當然，身體也會透過各種疼痛和健康狀況告訴我們，中年已經來臨。

假如這些話讓你心情很糟，那麼你很可能還在身體的競賽場上過你的人生。你可能是根據你過去的外貌，或是你認為50歲應該看起來的樣子（和老一輩的想法已經很不一樣），來決定你的自我價值。這世上還有很多其他的賽場：你的心、你的靈、你的頭腦，你的社群。

諷刺的是，正當我們開始比較習慣自己的中年身體，皮膚也開始鬆弛下垂。這件事可能讓很多人感到驚慌。於是，有些人本著在三十和四十多歲時把日程表排滿事情的習慣，開始想辦法把臉上的每一個皺摺填平。我們似乎無法欣賞那些皺紋，當成是自己贏得的獎賞。讓我告訴你一個故事，這個故事的主角決定，不再繼續在身體競賽場比賽。

五千億美元的抗老產業

塔拉・加多姆斯基（Tara Gadomski）是演員、電影製片人和廣播節目製作人。或許你曾在美劇《勁爆女子監獄》（Orange Is the New Black）和《諜海黑名單》（The Blacklist）看過她。她非常了解，在好萊塢，女性的事業發展機會會隨著年齡增長而遞減。

塔拉在 45 歲左右時發現，她不再害怕皺紋了。在那之前，她一直遵從專家的建議，努力抗老。有些原則很基本，像是一定要使用防曬產品。其他的原則比較花錢，像是使用純蠶絲枕套。還有一些原則極其怪異，像是當她不出門的時候，在眉毛之間貼上膠帶，防止臉部表情日積月累形成紋路。她說，

> 我並不是因為某個「頓悟」而不再害怕皺紋，我是逐漸醒悟過來的，我們一直被灌輸一個錯誤觀念，認為年輕、苗條、體態健美和白皮膚才是理想的外貌。而這個錯誤觀念之所以存在，是為了讓我們購買商品。當我不再害怕皺紋，我氣炸了。我生氣的是，這輩子一直被全球產值五千七百一十億美元的「美容」產業引導，認為我是「有瑕疵的」，需要用產品「修正」。

抗老產業拼命叫我們保持年輕，但真正重要的其實只是保持健康。當然，這個產業可以被稱為仇視女性產業，因為女性是他們的目標顧客。注射肉毒桿菌和接受醫美手術的女性（與男性）愈來愈年輕，這是個警訊，彷彿世上最大讚美是「你看起來永遠 30 歲」，於是人們拼死命想維持在那個年紀。

還有一件事，女性的黃金時段極其短暫，她們不是被人嫌太年輕、太嫩，就是被嫌太老、沒前途、「過了巔峰時期」。我有一個朋友說，「當我 35 歲時，我的專業領域因為我太年輕而輕視我，但是當我 40 歲時，我開始認為生小孩是不智之舉。不知何故，我整個成年人生被壓縮進 35～40 歲之間那五年。在那五年，我覺得壓力超大、精疲力竭。」

對於即將邁入中年的女性，她們的焦慮可能和體內的生理時鐘有關。研究顯示，女性可能覺得自己和生理時鐘同步，也可能覺得落後生理時鐘。男性就沒有這種時間壓力。實情是，我們的社會似乎更欣賞在成家立業之前花時間尋找自我的男性，而大多數女性一直被時間追著跑，沒有時間尋找自我。

男性的中年危機常被認為是陳腔濫調，也常被深夜節目拿來開笑話（男性讀者別難過，隨後立刻為你平反）。但很少人談論女性的中年危機。許多女性覺得，隨著年紀逐漸增加，她們開始被人視而不見。女性到了中年，不但約會機率大幅下

滑，男性也普遍不再關注她們。儘管女性在二十多歲到三十多歲時，常常因為男性的關注感到不舒服，但不再被關注同樣令人不舒服。好萊塢把喬治‧克隆尼（George Clooney）和李察‧吉爾（Richard Gere）歸類為「充滿魅力的熟男」，但一般人對年長女性卻沒有這般禮遇。「充滿魅力的熟女」這個說法並不常見，也很少女性喜歡被歸類為「喜歡小鮮肉的熟女」。

還好艾瑪‧湯普遜（Emma Thompson）在 2022 年的電影《高潮速成班》（Good Luck to You, Leo Grande）飾演一位 60 歲出頭的率直女性，送給我們一個關於成長的故事。女主角愛上一位又帥又年輕的混血牛郎，並意識到她應該給自己一個機會，享受性愛的美妙。在電影的最後一幕，女主角盯著鏡中一絲不掛的自己。從電影一開始，我們就看到她毫不隱藏的展露自己的情感。因此，當我們最後看到寬衣解帶的湯普遜，並不會感到訝異。最震撼的是，你能感受到她不再讓她的身體定義自己的那份坦誠。

男性也難以逃避身體衰老帶來的羞辱。男性的更年期比較少人知道（也比較不明顯），所以即使有些身體衰老現象是很自然的事，但許多男性往往會矢口否認。男子氣概愈來愈少，啤酒肚愈來愈大，十年前毫不費力的運動，現在上氣不接下氣。女性往往會彼此分享她們對於歲月帶來的身體變化有什麼

感受，男性只能把自己的感覺藏在心裡。

有太多人根據自己與身體的關係，對於變老抱持過時的觀念。這個觀念告訴我們，中年初期是人生的巔峰，接下來就每下愈況。當我們中年之時，我們發現人生的賽場從身體轉移到心靈。亞里斯多德（Aristotle）在很久以前就發現這個變化：他認為身體在 35 歲達到完美狀態，靈魂在 49 歲達到完美狀態。

現代長老學院共同創辦人克莉絲汀・史佩伯（Christine Sperber）一開始不認同這個看法。她參加一場商業研討會，在自我介紹時自稱是「變身為共同創辦人的滑雪遊民」。但實情是，她曾是職業單板滑雪運動員，靠著在 U 型池比賽賺錢。她靠身體的技能與力量吃飯。她在很久以前就退休了，但還是喜歡這項運動。克莉絲汀知道，為了避免受傷，她必須比從前花更多時間練皮拉提斯、做伸展運動，以及耐力訓練。

不過她的身體經常有各種疼痛。她年輕時曾經是世界盃高山滑雪賽（FIS World Cup）的選手，她每天都要努力超越極限，身體總是這裡痛那裡痛。那種疼痛是值得的。她能到世界各地旅遊，經常高速衝出雪牆、飛到空中，掙脫地心引力的束縛，還有錢可以賺。

不過，克莉絲汀在 53 歲時發現，停經過渡期的身體不適和單板滑雪一樣有挑戰性。更年期影響了她的睡眠、皮膚和頭

髮的狀況，她也經常受熱潮紅與偏頭痛之苦。她覺得很奇怪，為何沒有人談論這個女性必然會經歷的自然轉變。她感嘆道，「我這輩子認識的每一位女性都走過這個過程，但沒有一個人跟別人分享任何一句話，讓我知道偏頭痛是常見的症狀，而我的醫生也從來不曾告訴我，我可能會經歷更年期，這一切令我震驚。」

她的身體一直是她的一切，但她後來必須慢慢接受一個事實，過去的謀生之道到了中年，只能成為一個嗜好。她說，單板滑雪的樂趣與自由是外人無法理解的，她會持續滑雪，直到做不到那一天為止。要在中年從運動員轉變為生意人並不容易，但她很慶幸有這個轉變。她說，「運動員時期的『我』如果知道，將來有一天我的頭腦會愈來愈犀利，我可以靠點子賺錢，而我的身體單純成為頭腦的承載工具，那個『我』可能會很震驚。」文化人類學家瑪格麗特・米德（Margaret Mead）說，這個時期的人生可能充滿了「後更年期熱情」（postmenopausal zest）。

我們往往把變老視為身體緩慢衰退的過程。但珍・芳達（Jane Fonda）的比喻可能更恰當，她說，變老就像是「一座樓梯，象徵人類靈性的上升，把我們帶向智慧、完整與真實。」

我認為那會是一座旋轉樓梯，讓我們有機會體驗360度的

旋轉，不被年少時期的盲點阻擋，把下方的一切事物看得一清二楚。透過意志力、勇氣、韌性、幽默、自我覺察、他人的引導和支持，可能再加上信仰，我們能隨著年紀漸長而看見令人驚奇的風景。我們用辛勤工作、智慧與願意向上爬的意願，贏得那片風景。

六塊肌的代價是什麼？

年紀愈大，六塊肌的代價愈高。

我說的不是十幾塊美元的六塊雞桶，我指的是我們的文化推崇的六塊腹肌。以下是一個統計數字，提供給賴在沙發上躺平的男性參考。對有錢的女性（年薪超過 15 萬美元）來說，男性的六塊腹肌是她們最關注的身體特徵。若詢問所有的女性（無論收入是多少），男性的腹肌比眼睛、外表、腿，以及其他身體部位更重要。有無數的廣告以裸露上半身的男性為主角，也有許多人拿「爸氣身材」（dad bods）開玩笑，使得中年男性格外在意自己有沒有六塊肌。難怪男性年紀大了之後，就愈來愈關注自己的腰圍。

我有一個朋友（他希望保持匿名）在新冠肺炎疫情期間增加了不少體重，而且增加的脂肪幾乎全部集中在肚子，這令他

非常在意。他下定決心要找回二十多歲那個時候的六塊腹肌，他知道，他必須減去 10～20% 的體脂肪，才能達到目標。我為他計算了一下，假如他透過飲食控制與執行嚴格的運動計畫，每個月減去 1～2% 的體脂肪，需要花一年的時間才能找回他的六塊肌。若是年輕個二十歲，他只需要花一半的時間就能達成目標。我們還沒有把維持理想體重需要花的力氣算在內。

然而，那六塊肌真正的代價是，我這個朋友變成了一個乏味的傢伙（別擔心，他本人也知道）！他滿腦子只想著身體數值，下班後再也不跟朋友去喝個小酒。我用 Zoom 跟他通視訊電話時，他總是在家裡的跑步機上一邊健走、一邊講電話。他花太多時間想著飲食和運動的事，以致對於我們過去談論的話題不再感興趣，包括政治、種族不平等、旅遊，以及要吃哪家店的披薩！

哲學家亨利‧梭羅（Henry David Thoreau）說，「一個事物的代價是……在當下或是在未來的生活必須有所犧牲。」根據這個定義，我認為我那個朋友的六塊肌是天價換來的。

說句公道話，腹部脂肪是男性的大敵，女人沒有這個問題。人類體脂肪約有 90% 是皮下脂肪，分布在全身，其餘的脂肪是分布在腹肌下方的內臟脂肪。內臟脂肪集中在腹腔，對健

康的危害比皮下脂肪更大，因為它會對我們的器官造成影響。男性比較容易累積內臟脂肪，尤其是在男性更年期，荷爾蒙在這個時期開始發生變化。因此男性同胞們，我們要注意這件事，但不需要太過執著。

別誤會我的意思，我非常贊成保持健康和苗條，但是隨著年紀愈來愈大，我們也不要忘了，時間是最珍貴的資源，然後問問自己，值得嗎？

知名高管教練暨作家艾莉莎・孔恩（Alisa Cohn）認為值得。但她投資於健身不是出於虛榮，而是為了健康。她在麻州的一個小鎮長大，她說她是「坐在沙發上看書的那種女生」。她的媽媽身材胖胖的，家人不喜歡動，鄰居聚在一起是為了吃大餐，而不是騎自行車或健走。她在17歲時決定要改變自己。她穿上運動鞋到馬路上跑步。3分鐘之後，她躺在家裡客廳的地板上，上氣不接下氣。所以我們可以說，她跟苗條的身材……不太合拍。

成年之後，艾莉莎知道，她有能力有意識的打造自己的人生。她很幸運，遇到了一個強勢的心理治療師。這位心理治療師對她說，她可以開始執行嚴格的運動計畫，或者去看精神科醫師拿抗憂鬱藥。她選擇了前者。於是她開始一週上三次健身房，並且發現身體的活動可以有效改善心情。

「我開始用獎勵來激勵自己健身。」她回憶道。「我加入了一個慢跑團體和一個自行車團體。我喜歡成為這些社群的一分子,我喜歡待在戶外,我喜歡擁有苗條的身型。我後來能跑三個半程馬拉松,每當我跑完一個半程馬拉松,我會在心裡跟當年那個躺在地板上氣喘吁吁的女孩擊掌。我戰勝了自己的過去。」

艾莉莎說得沒錯。我們要不停的動,才能健康的變老。擁有苗條的身材不只是為了健康,還代表我們在這一生有能力去做有趣的事(旅行、到公園散步、在院子裡追著孩子跑),以及做重要的雜務,像是把沉重的購物袋抱進家裡、清除車道上的積雪,當電梯壞掉時,有體力爬三段樓梯。

心靈工作坊

本章最重要的功課可能是:你努力健身的動機是什麼?是為了長期的健康,還是短期的虛榮?請誠實回答。

中年期:成人的青春期

我想向你介紹一個你可能從來沒聽過的詞,但它跟你的身

體在中年所發生的事有很大的關係。

備受尊敬的老年學家肯‧戴克華德（Ken Dychtwald）與芭芭拉‧威克斯曼（Barbara Waxman）大力推廣「中年期」（middlescence）一詞，來描述從二十一世紀的長壽趨勢新冒出來的人生階段。

上一次有描繪人生階段的詞彙進入全球主流詞典裡，是在1890年代，當時「青春期」一詞開始愈來愈常出現在大眾討論中。心理學家斯坦利‧霍爾（G. Stanley Hall）在1904年出版了一本書，名為《青春期》（*Adolescence*），他在書中把十幾歲到二十幾歲的階段，描述為充滿「風暴與壓力」的時期。現在，我們知道青春期是我們經歷重大轉變的時期，包括身體（性成熟）與情感（我們的自我認知和看世界的觀點）的改變。在過去幾個世紀，人類社會在孩童還沒有發育完全的時候，就早早把他們推進成人期；結婚、生子，到田地或是工廠工作。幸好，我們現在把青春期視為進入成年必要且自然的準備過程。

或許，現在是時候用類似的方式，重新思考中年，我們的身體和身分認同在這個時期再次起了變化。如同在青少年階段，我們在中年期經歷了巨大的轉變，包括身體、荷爾蒙、情緒，以及對存在的看法。因此，這個變化主要聚焦在身體。

中年期是結束，也是開始。然而，在青春期，我們有各種

儀式來支持與辨識青少年階段（猶太成年禮、聖餐禮、15 歲女孩成年禮〔quinceañera〕、高中畢業典禮等），但中年期幾乎沒有任何儀式。我們為何沒有歡樂慶祝的典禮或場合，來標誌中年這個過渡時期，讓我們有機會省思與審查自己的人生經歷，然後以新的方式重新規劃人生？

中年期也帶來了性能力的新體驗。對有些人來說，不用再擔心意外懷孕，讓人鬆了一口氣。對某些男性來說，他們終於不再遭受睪丸素轄制了。對另一些人來說，意料之外的「床伴」開始出現。還有一些人發現，他們長期用來取悅他人能力，終於可以用在自己身上。

作家約翰・厄普代克（John Updike）說，中年的特徵是「永不滿足的自我與還能使用的生殖器」，結果可能導致外遇猖獗。不過，那或許是對中年期的一種不成熟的看法。通常，這個時期的人們與他們的伴侶進入了不求表現、更放鬆的節奏。

太多人有一種誤解，認為生理狀態是我們年老時健康性生活的唯一指標，於是我們開始向荷爾蒙與處方藥求援。但伴隨年老而來的自我覺察，以及想要與他人在更深、更親密的層次產生連結的渴望，能創造比過去更令人滿足的性體驗。

或許中年期是你這輩子第一次愛上自己身體的本來面貌。

身體辜負了我？或我辜負了身體？

　　我無法說過去幾年愛上了自己的身體，因為「我是受害者或是加害者？」這個問句一直我的腦海盤旋。在治療攝護腺癌那五年多的時間，我逐漸明白，受害者（我）與加害者（疾病）之間的關係，是互相依存。

　　當我在 2018 年診斷罹患中期攝護腺癌，我的健康狀況還很好，所以這個消息讓我很驚訝。當時的反應是，花一年的時間來拯救我的身體：向一位功能醫學醫師求診，改變我的飲食習慣、接受為期一週的淨化與斷食水療、喝綠色蔬果汁、每天早晨吃營養補充品，以及花更多的時間運動和冥想。好消息是，我的癌症進入了休眠，除了透過例行性的檢測進行積極監測之外，身體與疾病的混亂關係終於回歸平靜。

　　接下來，疫情爆發，情況開始出現變數。我為了抒壓，吃了太多的黑巧克力，也喝了太多的酒。我也開始沒有按時進行**攝護腺檢查**，因為我的醫生在舊金山，而我因為旅遊管制困在天堂（墨西哥的南下加州）。更重要的是，我忘了食物和飲料也是一種藥。長話短說，在癌症確診三年之後，癌症復發了。我接受手術，切除了一邊的攝護腺，然後開始執行有助於恢復元氣的健康養生法。

做完手術後，醫生告訴我，癌症在五年內轉移的機率只有1％，我覺得自己可以稍微放鬆一下⋯⋯直到十五個月後，我發現癌症已經擴散到淋巴。於是我開始接受荷爾蒙治療，並把另一邊攝護腺切除。其實，我大可以對身體的不爭氣感到忿恨或生氣，但現在的我不太想去責怪誰，我比較希望專注在面對事實，並與身體和解，藉此恢復健康。我和我的身體現在是夥伴關係。

　　我見證了自己身體狀況的惡化與重生，這給了我新的啟示。我們的社會把變老看成一個線性發展的過程，也就是一個緩慢而漫長的衰退，但實情是，這個過程是一個循環，因為我們的身體一直在更新。我們的皮膚每個月會再生一次，胃的內襯每五天會再生一次。我們的身體會回應我們對待它的方式，每年重建新生一次。

　　我發現，癌症多多少少還是給了我一些慰藉。它可以視為一種通過儀禮，邀請我去經歷某種形式的自我轉變。我現在不再把身體視為展現自我的膚淺工具，而是視其為一個可信賴的好朋友。我們不會永遠同步，但我會認定身體跟我站在同一陣線，而且它會在我忽略它時，要我負起責任。它不再是一個必須不斷改進的機器，而是一個需要被愛的朋友。

> **心靈工作坊**
>
> 　假如你的身體並不想跟你作對,那會如何?假如你的身體是最有智慧的老師,它會引導你找到你需要學習的真理,那會如何?每天晚上入睡之前,或許你可以問一下你那充滿智慧的身體,「你能教我如何活出更美好的人生嗎?」

跟身體建立新的關係

　　你把人生大部分的時間用來創造一個容器(你的身體),這個容器定義了你如何看你自己,以及這個世界如何看你。現在是時候明白一件事:你的身體和外貌不代表全部的你。沒錯,別人可能比你更注意你變老了多少,尤其是在十年後第一次開大學同學會的時候。那又怎樣?!其他的人也和你一樣老態龍鍾。

　　如同我稍早提到的,你的未來還有很長的人生在等著你,請你不要忽略你的身體,但也不要對身體太過執著。想一下你希望自己到 90 歲的時候還能從事的活動,然後告訴自己,假如那些活動需要倚賴好體力和靈活的四肢(事實的確如此),那麼你現在就需要開始鍛鍊你的身體。

總而言之，好好愛你的身體。它是你出生時租來的車子，而你可能還有四十～五十年的路要跑，那對你將是一個沉重的負擔。有些人悉心保養自己的身體，有些人把它當成越野摩托車來操練。我們每個人都需要進行幾次路邊維修，也需要一個技術良好的維修團隊支援我們，面對各種情況。

　　不過，車子會隨著時間貶值，你的身體也是。年紀愈大，就愈難以對抗自然的力量。歲月催人老。這不是詛咒，反而可能是一種祝福，因為它能幫助你體驗肉體享樂和自戀以外的東西。真正的美不只是表象。我們將在接下來幾章看見，情感與人際關係才是支持我們度過老年的力量。

PART 2
情感人生

3
我正在跟情緒交朋友

隨著我們不斷成長,真正的美也從外貌轉移到內心。

我年輕的時候非常厭惡兩個概念:滿足與安定。這兩個詞感覺起來很像是妥協。尋求滿足與舒適聽起來很無聊。它使我想起十年級歷史老師教我的話:「舒適使人冷漠。」我也覺得,安定聽起來就像離死期不遠了。

最近,我意識到幸福是年輕人的事,滿足(甚至是喜樂)是晚年人生的獎賞。我想起日本京都十七世紀的一個石盆上刻的一句話,翻譯成英文是「我已擁有我需要的一切」或是「我對自己感到滿足」。

快樂與喜樂不同;活到 91 歲的作家沙林傑(J. D. Salinger)寫道,「快樂是堅硬的,喜樂是流動的。」快樂通常來自外在環境,喜樂從內在湧出。

我們在中年開始明白,快樂並非由願望的滿足構成,它是在腦袋裡,而非健身房做的選擇。說到「追求幸福」,我們不一定總是能欣賞或陶醉在已經擁有的事物中。在人生的上半場,我們往往在追求滿足,而非心懷感恩。

　　研究指出,我們在 50 歲之後開始對自己的人生更滿意。不只美國有這種情況。研究者發現,幸福的 U 形曲線幾乎適用全世界。這並不是因為我們的問題神奇的消失了,而是因為我們學會度過一道道關卡,並優雅的接受人生對我們出其不意的襲擊,於是不會認為自己特別不幸。我們對於「還要更多、更多、更多」的執著已經消退。取而代之的是一種能力,開始歡迎最單純的禮物(陌生人對我們微笑、床頭櫃上的一本新書、朋友或配偶某個貼心的舉動)帶給我們的喜樂。

情緒智商隨著年齡提升的五個跡象

　　倘若變得更幸福的祕訣只是變老,那會如何?聽起來很荒謬,對嗎?

　　社會告訴我們,中年只有懊悔、挫折與悲傷。但事實是,隨著年紀漸長,我們感受到這些負面情緒的情況其實變少了。誰會想到,生命的幸福循環與滿足感,竟會如此自然的發生且

可以預期？

　　為何人生幸福曲線會先下滑，然後在 45～50 歲左右反彈上升？中年的早期階段感覺起來通常不太像中年危機，反而比較像中年馬戲團表演。我們要身兼數職，就像在表演轉盤子雜技。孩子千奇百怪的要求使我們疲於奔命，父母的健康也開始出狀況。職場的處境苦不堪言。沒時間約朋友吃飯聊天、沒時間享樂、沒時間嬉戲（尤其是在臥房）。我們可能會開始覺得，自己需要一個大賣場的空間，才足以存放我們所有的情緒。

　　不過，我們也在這個時期終於有適當的工具，可以對人生的各種境遇處之泰然。到了 50 歲，我們的情緒智商（Emotional Quotient, EQ）變高了。我們經歷了夠多的悲歡離合，學到了適合我們用的應對技能。我們開始實踐「心理衛生」儀式，能夠清理腦袋和心靈的生活方式。我們發現，我們比自己所想的更有韌性，學會與情緒共舞，而不是把情緒埋藏起來。

　　包括加州大學柏克萊分校心理學家羅伯特・李文森（Robert Levenson）在內的多位學者指出，在成年階段，人類智商不太會變動，但 EQ 卻會隨著時間的推移而提升。李文森的團隊以一群二十多歲到六十多歲的人為對象，進行研究。他請受試者觀看一系列激發情緒（像是嫌惡和悲傷）的短片，然後請他們試著因應那些不愉快或傷心的感覺，調整自己的情緒，也就是

努力不受那些畫面的影響，或是試著看見影像的積極的一面。

哪個年齡層的人最有能力調節自己的情緒反應？

研究者發現，受試者年紀愈大，就愈善於從正向角度重新解讀那些畫面，這個能力稱為「正向重估」（positive reappraisal），也愈善於主動處理影片引發的情緒：這是 EQ 的特徵。研究者解釋說，這是因為「演化似乎隨著我們的年齡增長，把我們的神經系統調整成最適合處理這類人際與同理互動的狀態。」

過去三十年來，賓州州立大學心理學家大衛·艾爾梅達（David Almeida）研究超過三千名成人的日常壓力因子。他指出，受訪者在成年的初期表示，他們至少有 40～45％ 的日子感覺有壓力，但是當他們進入中年晚期，那個比率降到了 20～25％。一部分的原因在於，他們有能力重新思考與消化日常生活中的挑戰。

現在讓我們從科學家的觀點，轉換到實踐者的觀點，也就是我們一般人的觀點。以下是我對自己的觀察，關於我的 EQ 如何隨著年齡增長而提升，使我將情緒視為朋友，而非敵人：

1. **我對別人更有同情心。**隨著年紀增長，我變柔軟了⋯⋯而且變柔軟的不只有我的小腹。我更常關注靈魂層面，而非

自我層面。我對別人的人生處境更有感觸。幸好，我也能把多出來的同情心，拿一部分送給我自己。

2. **我的反應不再那麼情緒化，我開始更了解自己的情緒**。在我年輕的時候，情緒常讓我不知所措；我的情緒經常讓我感到失去平衡與不舒服。我不知道如何與情緒共舞。實情是，我常常想勝過我的情緒。現在，我更了解情緒是怎麼一回事，也變溫和了，一部分的原因在於，我學會不再為小事抓狂。就像李文森的研究中那些進入年長階段的受試者，我開始能「正向重估」（positively reappraise）負面經驗，像是遇到塞車（我的觀點：這是冥想的好機會）。與此同時，我辨識自己的模式、習慣與傾向的能力提升了，這使我對自己的觀察變得更透徹了。

3. **我不再認為每件事都是針對我**。《打破人生幻鏡的四個約定》（*The Four Agreements*）的作者唐·米蓋爾·魯伊茲（Don Miguel Ruiz）說，「當你不再認為每件事都是針對你，你會得到自由與釋放。」在現今「取消文化」*當道的時代，

---

* 譯註：取消文化係指透過公開抵制和譴責，懲罰被認為有錯誤或不當行為的個人或組織。通常發生在社交媒體和互聯網上，人們透過網路呼籲他人停止支持或終止與該對象的關聯，從而達到懲罰或孤立的效果。

這個能力尤其寶貴。

4. **我更知道如何創造理想棲息地**。社會學家稱此為「環境掌控」，也就是有能力判斷，什麼樣的環境才能讓自己蓬勃發展，以及調適自己去適應那些棲息地的變化。這就是為什麼在職場中，團隊裡較年長的人能在團隊裡創造更多的「心理安全感」：因為他們的環境掌控能力在同情心的加持之下，使其能創造適宜的條件，讓團隊興盛發展。

5. **我更看重人與人的關係**。有人說，人們臨終時會問自己兩個問題：「我有好好愛嗎？我有好好被愛嗎？」長期進行的「哈佛成人發展研究」（Harvard Study of Adult Development）與「藍色寶地」研究的結論是，我們在一生中培養的人際關係，確實能延長我們的壽命。下一章會有更多的討論。

當然，永遠會有特殊情況。例如，你有一個75歲的叔叔，他一天到晚都在抱怨。但這種情況是例外，而非準則。研究指出，假如你努力發展你的EQ，你同時也在培養另一種EQ，也就是「精進的生命品質」（Enhanced Quality of life）。我相信，每個人都喜歡這種心理狀態，尤其當我們年紀增長時。

較大的容錯率

當我們年輕時，我們用很小的容錯率要求自己。我們高估了失敗的代價（尤其是我們自己的），退縮到定型心態。到了中年，許多人終於學會放自己一馬。我們不再拒絕玩不確定是否能贏的遊戲。我們開始聚焦提升自己，而不是證明自己。

在成長的過程中，你一直用成功與失敗來定義自己嗎？我就是這種人。在青少年階段，我的自我價值大多來自我的成就。當然，把自信心與成就綁在一起，在任何一個年紀都是不健康的舉動，當我們年紀漸長，這種做法就顯得更加危險。假如你只玩必定會贏的遊戲，你的世界會變得愈來愈小。

有大量研究顯示，成長心態是快樂變老的關鍵之一。對於有成長心態的人來說，定義成功的不是勝出，而是學習。成長心態能促使我們尋求、探索與享受新的體驗。它是避免中年人生變得索然無味的解方。

成長心態也能幫助我們改善日常生活中的習慣。例如，數十年來，我一直陷入一種定型心態，認定「我沒有好好睡一覺的命」，直到我55歲左右，我嘗試用成長心態：「不知道有沒有方法可以讓我睡得好一點」。現在，在一些天然營養補充品（像是鎂、褪黑激素），以及更好的睡眠習慣幫助下（週間和

週末都在差不多的時間上床睡覺），我每晚的睡眠時間比過去多了1個小時。

強納森‧勞赫（Jonathan Rauch）在「中年危機的真正根源」（The Real Roots of Midlife Crisis）這篇文章提到，「我在四十多歲時發現，我執著於跟別人的人生比較：在一個永遠贏不了的比賽中，用各種計分方式論斷我自己，細數我在哪裡輸給了別人：我的銀行存款為什麼沒有和亞馬遜創辦人貝佐斯（Jeff Bezos）一樣多？歐巴馬（Barack Obama）比我還要年輕，看看他多麼有成就！」

他的話讓我心有戚戚焉。在成長心態幫我撕掉死死黏在我腦海的標籤「我學不好瑜珈」之後，我從中年人生學到了一個最重要的功課：比較只會帶來痛苦。

20歲出頭的時候，我的壓力很大，於是開始練習冥想。我馬上就學會了，一部分的原因在於，我覺得閉上眼睛待在自己的內心世界，是很容易的事。但瑜珈就不同了，數十年來，我一直學不好瑜珈，主要是因為我的眼睛是睜開的，而我的眼前有一群女性瑜珈大師，她們似乎能一邊站著，一邊把一條腿舉到腦袋後面。我覺得自己像是一根硬梆梆的木頭，一點也不柔軟。

直到幾年前，我意識到是什麼引發自己產生「我學不好瑜

珈」這種定型心態：跟別人比較，也就是我一直在留意別人做得怎麼樣，而不是留意身體有什麼感覺。於是過去幾年來，我請現代長老學院的正念老師泰蒂・狄恩（Teddi Dean）到我家，一對一上瑜珈課。那裡除了泰蒂和我的狗之外，沒有別人，我的狗不會引發我的不安全感，相反的，牠還能教我牠最擅長的下犬式。現在，即使跟別人一起上瑜珈課，我也能處之泰然，不再那麼侷促不安，也不再那麼努力想要把動作「做對」。

50歲的道格拉斯・蔡（Douglas Tsoi）是「財務自由學校」（School of Financial Freedom）創辦人，他擁有非典型的職業生涯，從公司法到靈性指導，他做過很多不同的工作。不久之前，他在足球比賽結束後跟我分享他的領悟，他一邊曬著太陽，一邊斜靠在他的狗身上，對他得到的一切心懷感恩：財務保障，還可以運用自如的身體，享受人生的時間，以及有時間學習重要的東西，做重要的事，品嚐美食，愛上住在美麗的太平洋岸西北角的生活。

他說，「我意識到，我的工作是，對我擁有的一切、我的人生心懷感恩。」他說，就是這種獨特的感恩，使他不會羨慕別人或是變得驕傲。

「不羨慕、不比較的日子」是什麼感覺？你對於人生給你的禮物感到知足，一點也不想知道你的人生比別人好，還是比

別人差。假如你能有那麼一天，或許可以試著把它延長為一個星期、一個月、一年，或是一輩子。產生感恩之心的一個方法是，問問你自己，「是誰讓我成為現在的我、做我現在正在做的事？」

用不自我批判的態度心懷感恩，是獲得心滿意足人生的處方箋。

成為你應該成為的那個人

伊西德拉・門科斯（Isidra Mencos）是一個西班牙裔美國人，她在剛進入中年時感到相當迷惘。她出生與成長於西班牙巴塞隆納。二十多歲時，她初次享受佛朗哥獨裁政權終結後的自由。她說自己「不斷的從一個男人換到下一個男人，從一份工作換到下一份工作」。她成為自由作家，與多家知名出版社合作，當導遊到世界各國旅遊，還曾為奧運委員會工作。

1992 年，她到美國攻讀西班牙與拉丁美洲當代文學博士學位。有好幾所大學接受她的入學申請，她最後選擇加州大學柏克萊分校，因為校名聽起來給人放蕩不羈的感覺。畢業之後，她教書，當自由作家，在傳媒公司擔任編輯總監，但沒有任何一份工作帶給她真正的滿足，她覺得她沒有與自己的人生召喚

連上線。

　　伊西德拉覺得她在每件重要的事情上都晚了一步，雖然她在現實生活中是個非常準時的人。她在青春期是個乖巧的孩子，直到 20 歲出頭才開始叛逆（比別人整整晚了十年）。一直到快 40 歲，她才擁有她所謂的「真正的職業生涯」。當她結婚時，她的童年玩伴大多已經結婚超過十年；當她生小孩時，朋友的孩子已經在上高中。當她年輕時期認識的朋友成為頗負盛名的得獎作家時，她還是個「新秀作家」。跟別人比較，只會讓她痛苦不堪。

　　於是，伊西德拉把大器晚成視為一個禮物，因為她因此有更多機會，去學習成為她應該要成為的那個人。這些洞察一部分來自她做的夢、她遇到的衝突、經歷的緊張對立、同步性（synchronicities），以及冥想，甚至是一些健康上的挑戰。

　　她跟我分享一個故事：

　　　在 20 歲出頭時，我看見了一個畫面。我看見一個留著白色長鬍鬚和白色長髮的中國老人正在爬山。他爬到山頂後，開始吹笛子。美妙的笛音飄向天上的雲朵、飛到鄰近的山峰，然後像瀑布般向下流瀉到谷底。我當下立刻知道，那個人就是我，而那笛聲是我的作品。我應該要把我

的心聲和藝術作品與全世界分享，但我把我的人生召喚拒於門外，把它埋藏在深處。我很害怕被拒絕，也很害怕沒有人聽見我想說的話。

一直要到中年，伊西德拉才有足夠的 EQ 和勇氣，成為她注定要成為的作家。是的，她有時候很後悔自己沒有早一點發現她心中想表達的聲音，但她說，經歷過人生的風風雨雨之後，她現在有更多的話想說了。有一句名言提醒她，花朵遲開總比從來不曾綻放來得好：「總有一天，緊緊待在蓓蕾裡受保護的風險，會比盛開之後面臨的風險更令人痛苦。」，據說，這句話是出自作家阿涅絲・寧（Anaïs Nin）。

了解你想從人生得到什麼

在和奇普・漢金斯當了一輩子的知心朋友之後，我現在成為最了解自己情緒的人。EQ 可能是個令人頭痛的話題，但最終，我們都會成為我們自己和別人的有智慧的諮商師、最棒的朋友，以及伴侶。

中年人生最重要的能力是，知道你想從人生得到什麼。在人生的上半場，我們花了太多時間按照世俗認知、社會壓力和

對家人的責任來品嚐人生，難怪我們因為被誤導而做了許多關於愛、工作、家庭和友誼的錯誤決定，一路活到四十多歲。

比起才華或努力工作，了解你真正想要什麼，能讓你走得更長遠。它會給你主導力，當你感受到那種影響力，你就有能力處理人生中令人失望的事，因為你明白，你的行動是出於你自己的主張，而不是別人的主張。一旦你知道你想從人生得到什麼，你就更有能力對人生做出一些回饋。

年輕的時候，我們的生活方式大多被別人決定。在我的成長過程中，我以十誡作為「活出美善人生」的指引，我猜，你們當中許多人也和我一樣。十誡一直給我一種非常負面的感覺，有太多的「不可」。實情是，十誡當中有八條誡命告訴我們，什麼是不可以做的事。

因此，到了中年，我決定根據我後來下定決心要做的事，訂下「我的十項承諾」，這十項承諾後來成為我選擇如何過此生的情感指引。我覺得，我在 30 歲的時候應該想不出這樣的清單：

1. 我承諾，我這一生要為我的葬禮上的悼詞而活，而不是為我現在的履歷表而活。
2. 我要熱情的投入生活，因為如此一來，人們注意到的是我

的活力，而不是我的皺紋。
3. 我要先假定每個人都心懷善意，除非他們的言行證明他們不值得信賴。
4. 我要遵行「珍惜人生，彷彿生命只到明天。熱愛學習，彷彿生命能夠永恆」這句格言。
5. 我要保持好奇，而非評斷他人（支持影集《泰德拉索》中橄欖球教練泰德‧拉索〔Ted Lasso〕的哲學觀）。
6. 我追求具有價值或意義的「高尚實驗」，目的是為了探索和發現新的事物（雖然我很可能會犯很多錯）。
7. 我要從錯誤中學習，因為這是我增長智慧的方式。
8. 我要接納我的情緒，因為我的情緒是最好的證明，證明我活著。
9. 我不追逐幸福。我練習感恩，幸福是隨之而來的結果。
10. 我要記住，我最有價值的資產是我的幽默感，因為即使我失去一切，我依然會保有幽默感。

心靈工作坊

你願意抽空寫出你自己的十項承諾，用它來引導你對人生的情感反應嗎？

我們的處境不一定會隨著年齡增長而變得輕鬆一點，但我們的回應會大幅改進。我們會變得不那麼容易產生反應，會有更多的自我覺察，同理心也會大幅躍升。有誰不會覺得，這個人生階段其實比過去幾十年好多了？

4
我投資社交健康

Illness（疾病）這個字始於 I（我），Wellness（健康）這個字始於 We（我們）。

新冠疫情封城期間，我們可以看到一些影片，像是義大利人在公寓陽台對著空無一人的街道唱歌，人們以興趣缺缺的態度透過 Zoom 視訊，參加家人的婚禮或葬禮，他們覺得這種虛擬儀式無法取代真正的儀式，因為得不到應有的滿足感。疫情結束後，我們看到社交距離立刻被社交拜訪取代，因為大多數人最先做的，是出門探望親友。人類天生就喜歡跟別人聚在一起，不是嗎？

當我們想到健康這個概念，通常把它視為一種個人的努力，而不是多人一起體驗的事（你在家上的 Peloton 飛輪車線上健身課，不能算是一種促進社交健康的活動）。

假如我們開始將健康視為一種共同的責任,並努力追求社交(而非個人)健康,那會如何?或許,我們現在應該計算的,不是走了幾步路,或是攝取了多少卡路里,而是我們與配偶一起欣賞夕陽、跟最要好的朋友交心深談時因為太有共鳴而起雞皮疙瘩,或是我們對陌生人微笑的次數?

我住在墨西哥一個以農漁業維生的海邊小村莊,我經常計算的,不是我看到了幾次海面捲起的巨浪,而是我在塵土飛揚、高低不平的鄉間小路上開車時,看到了多少當地人向我揮手。揮手打招呼是當地人見面一定會做的事,這個小動作能營造群體,也能療癒人心。

到了中年,我們開始不再那麼關注自己的重要性,於是周遭的美德與自然之美開始進入我們的視野。在這種時刻,往往特別能感受活著帶給我們的感動與啟發,尤其當我們與其他人在一起的時候。幸運的話,我們會感受到一種集體亢奮(collective effervescence):自我消失,共享的喜樂湧現。

你活得健康嗎?

1938 年,哈佛大學的研究者開創了一項有史以來最廣為人知的社會學研究,這個充滿企圖心的研究,想回答一個沒有

人敢挑戰的提問：在人的一生當中，是什麼因素使人們蓬勃發展？從那一年開始，研究者每五年向那七百二十四名研究參與者蒐集一次詳細的身體與情緒健康資料。八十五年之後，「哈佛成人發展研究」成為史上最長期的人類幸福研究。

幾年前，有人介紹我認識這位縱向研究的主持人羅伯特・沃丁格（Robert Waldinger）博士。沃丁格博士對於如何活出美好人生的研究引起許多人的共鳴；他的 TED 演講觀看次數超過四千萬人次，他與馬克・修茲（Marc S. Schulz）最近共同出版的著作《美好人生》（*The Good Life*）也成為暢銷書。儘管許多人相信，名利、才華或權勢是通往幸福的高速公路，但沃丁格博士說，保證能通往滿足的最佳道路，比較像是鄉間小路。

「哈佛成人發展研究」公認為是絕無僅有，因為它追蹤了同一群人的一生。這項研究得出了許多結論，最突出的結論是：良好的關係能使我們更快樂、更健康，尤其當我們逐漸變老的時候。

《美好人生》提到，「我們一再發現，當研究參與者進入老年，他們都會說，最珍惜的是人際關係。」這個研究指出，人們在年輕的時候，會喜歡一大群不是那麼深交的朋友，當他們年紀漸長之後，對關係的態度開始重質不重量。

這件事跟你的中年人生有什麼關係？研究者追蹤這群研究

對象進入老年，因此他們可以回顧這群人的中年人生，進而知道他們能否預測哪些人能健康快樂的步入老年。當他們蒐集研究對象在 50 歲的資料後發現，最能預測人們老年時健康情況的指標，是人際關係的滿意程度，而不是膽固醇或 BMI 數值。

在 50 歲對自己的人際關係最滿意的人，他們到了 80 歲時，是所有的研究參與者當中最健康的人。我們從最親近、親密的人際關係得到的社交支持，不僅保護我們不被人生中無可避免的高低起伏擊垮，甚至能緩和我們在變老的過程中，感受的身體與情緒痛苦。學者把這種作用稱作「壓力緩衝」（stress buffering）。

《美好人生》提到，「中年不僅是壯年與老年的轉折點，也是生活方式的轉折點，許多人在年輕的時候逐漸發展出聚焦自己、向內看的生活方式，到了老年，人們往往會轉變為比較寬厚、向外看的生活方式。」換句話說，我們在剛進入中年時，可能會因為過去一直在為許多事而忙，而覺得人生變得狹隘，或許，此時的我們應該開始關注，有沒有好好培養自己的人際關係。

許多人到了中年開始看重人際關係，而不再那麼看重物質的擁有。荷蘭社會學家傑拉德・莫倫霍斯特（Gerald Mollenhorst）指出，我們每七年會汰換掉社交網絡中一半的人，因

此，友誼的培養是一輩子的事。假如你不花費心力在這上面，你的人際網絡就會不斷萎縮。

蘿拉‧卡斯滕森提出一個社會情緒選擇理論：年輕人覺得自己還有很多時間，於是把與知識相關的目標視為優先，並努力追求，而年長者覺得自己剩下的時間有限，於是把與情緒相關的目標視為優先。這也給我們更多理由，在中年花精神培養人際關係。社會性競爭被社交連結取代了。

關係資本是「情緒保險」

朋友不是「可有可無」，而是「不可或缺」。

《大西洋月刊》（*Atlantic*）的撰稿人珍妮佛‧西尼爾（Jennifer Senior）指出，朋友像是中年人生的動植物群，我們太忙了，於是朋友成了我們生活的背景，但實情是，朋友應該是最舒適的沙發，特別是我們經歷困難的時刻。我們忘了一件事：當某個朋友因為換工作而搬家，我們的某個「家具」也跟著離開了，當我們的家庭責任或工作責任變得太沉重，某些人的友誼就被我們束之高閣了。若不花一點時間在朋友身上，我們最後可能只剩下一個空蕩蕩的客廳。

麥拉‧拉凡紐（Myra Lavenue）住在波特蘭，她在五十多

歲時的身分,包括女同志、母親、作家、即興表演演員,以及社會公義倡議者。她與她的妻子一起生活了二十四年,她的朋友和同事形成了一個很大的人際網絡。儘管如此,我剛認識她時,她覺得她與某一部分的自己隔離了,因為她的生活太忙碌,也因為她在人生中失去了許多東西。

疫情剛爆發時,麥拉正在上即興表演入門課。她報名這門課,是因為她覺得自己離社群愈來愈遠,她從原本參與的休閒式足球運動退役,遭到公司資遣。她在前公司工作時,過著活躍的生活,而她在新公司卻是遠距工作。她思考要如何面對這種種變化,並得到了一個領悟:她需要找到好笑的朋友。對她來說,幽默是展現靈性的一種形式。她能在即興表演的領域找到連結、友誼和好笑的朋友嗎?

Zoom 或許不是即興表演課理想的上課形式,但麥拉記得,一切始於「有一個女生和我上同一門課,她一直很安靜,直到輪到她表演的時候。突然間,螢幕被她的活力、存在感和才華佔據。她的表演令我著迷,於是我傳送一個私人訊息給她:「你真好笑!」

麥拉邀請她新認識的喜劇偶像莉莎,一起去上線上說故事課,接著是音樂即興表演課,然後是進階即興表演課。她們交換聯絡方式,友誼進展神速。幾個月之後,新冠疫苗上市,她

們都接種了疫苗，獲得了保護力。是時候約見面了。

麥拉用激動的心情告訴我接下來發生的事：

我們開始一點一點讓對方接觸我們的生活、家庭和家人。當她問我，她可不可以把我稱為她最要好的朋友，我感到非常驚訝，因為大人會說這種話嗎？最後一次有人向我提出這個問題，是什麼時候的事了？但我的身體在那個時候接收到一股強烈的愛，那是我和我的妻子之間才有的情感。

麥拉和莉莎現在是密友，她們在創意表演、家庭議題上互相支持，最重要的是，她們在個人成長與自我了解的領域支持彼此。她們的交情幾乎就像我們和小學同學的感情：互開玩笑、講話很吵、上課不專心、相約一起去玩。她們的情誼會發展到這個程度，是因為莉莎跨出了勇敢的一步，向麥拉提出「最要好的朋友」這個問題。

有沒有哪個朋友是你可以更熟識的？你如何在中年學習不那麼關注自己，而是更關注別人？你願意冒險問人，「我希望我們的友誼可以發展得更深入，你願意嗎？」

56歲的麥拉從來沒有發現，她一直在壓抑自己，除了家人之外，她不跟別人建立深入的關係。當你問人，他的最要好的朋友是誰，大多數的人會提到小時候，或是大學時代認識的朋友。但我們可以在任何年紀交到最要好的朋友，而且我們必須

持續尋找這種人際連結,尤其是在中年。

當我們使用「資本」一詞,指的通常是某個人或組織擁有的金錢或其他資產。但關係資本是另一種財富,它是我們花時間培養友誼所累積的財富。你的房子或車子有產物保險,你的友誼的情緒保險在哪裡?

你相當於與你最親近的五個人的平均值,這是事實嗎?你可能在 IG 看過或是聽人提過這個理論。這個說法出現的時機通常是,某個勵志演講者想要說服你,假如你把你的生活中的失敗者拋棄掉,你就會變得更幸福、更美更帥、更成功。是的,的確有一些研究支持這個假定,但我想擴展這個思維,超越表象,我們來換個說法。

> **心靈工作坊**
>
> 假如你會跟你最親近的五個人一樣有深度、健康、慷慨、有同理心、有智慧,那會如何?你人生中的哪些人,能讓你打起精神或是令你非常敬佩?是什麼因素阻礙你花更多時間跟他們相處?
>
> 當你整理人生的花園時,你可以如何像你栽種新的花苗那樣增添新的朋友?你如何成為孕育這些友誼的好土壤?

我看見你了

在新冠疫情襲捲全球之前，孤獨早已在全世界蔓延。我們討論孤獨這個主題時，通常圍繞著孩童與青少年，但飽受孤獨之苦的人，不只有他們。根據「孤獨的根源計畫」（Roots of Loneliness Project）在 2020 年春季的統計調查，在美國覺得孤獨的人當中，X 世代（41～57 歲）呈現人數激增的情況。此外，《華爾街日報》（Wall Street Journal）公開了這份調查報告沒有發表的部分：與子女一起生活的女性當中，在 X 世代有特別多人有社交孤立的感覺。

不少人解釋這個趨勢，但大多數人忽略了一個事實：有許多人到了中年，會覺得自己不被看見。我們覺得，自己在職場成了隱形人，鄰居不知道我們的姓名，朋友或家人不了解我們，因為在他們的眼中，我們還是二十年前的樣子。不被看見等於失去連結，伴隨這個現象而來的是，有愈來愈多「死於絕望」的故事發生，尤其是中年人。

我們需要這個社會大力宣導「我看見你了」這樣的公衛計畫，來防止更多人被送進加護病房。這是另一種特別照護，使人覺得自己的真實面貌被人看見，並得到賞識。在我們年輕時就認識的朋友眼中，我們很可能永遠都是當時的樣子。這有可

能讓我們覺得被塞進一雙小了一、兩碼的鞋子裡，非常不舒服。好消息是，即使我們長期疏於練習，在中年交新朋友其實不像我們想像中的那麼可怕。它就像是很久沒騎腳踏車之後，重新要開始騎車的感覺。

下列四步驟可以幫助你提升你的社交健康，並覺得被人看見，與人連結：

1. **自己評估**。你有社交孤立或孤獨的感覺嗎？這兩者是有區別的。許多人在疫情結束後，寧可繼續保持社交孤立，他們喜歡獨處的感覺。獨自一人跟感到孤獨是不同的，前者可能是出於我們的選擇，後者通常讓人覺得像是被關在監獄裡。假如你感到孤獨，列出五到十個朋友的名字，然後根據你最想跟誰聊天、最想跟誰重新聯絡的順序排序。接下來，每週和其中一個人聯絡，聊聊近況。

2. **成為善於傾聽的人**。有一位智者曾說：「知識讓人發言，智慧使人傾聽。」到了中年，我們開始體會到，最喜歡的人不只是有趣，也同時要對我們感興趣，真的！要讓你關心的人知道你對他感興趣，試著練習「欣賞式探詢」（Appreciative Inquiry, AI）：用有催化效果的提問，來引導對方說出最深的想法、感受、希望和夢想。用 Google 查一

下「欣賞式探詢」是什麼！它是人類版的 AI。

3. **不再「一個人打球」**。我以前會到休士頓拜訪兒子和他們的母親，我們會去看少年棒球比賽，幫兒子伊森加油，我在那裡感受到一股團結的氛圍，這群家長為了支持自己的孩子聚在一起。我在那裡看到一位年長者，我以為是某個球員的阿公。我問他，他是哪位球員的家人，他說，「所有的球員。我支持整個海盜隊。」他告訴我，他的太太已經過世，海盜隊有好幾個球員是他的鄰居。當他帶著他的狗去散步時，會故意經過那些孩子的家，希望能看到那些孩子在前院玩。那些孩子很喜歡他的狗，後來，他們的父母也認識他，並邀請他來看球賽。他說，「我會教他們玩滾木球。」我們可以從他身上學到什麼？只要我們有心加入一個社群，任何時候都不算太遲。

4. **尋找或是打造屬於你的群體**。物以類聚。有共同興趣的人比較容易成為朋友，你可以透過手機應用程式 Meetup 或是臉書社團，輕鬆找到志同道合的人。當我遇到特別有挑戰性的時期，希望與人有更深的靈性連結，我會每個月在家舉辦一次靈性僧伽聚餐（Spiritual Sangha Dinner），每次邀請屬於不同靈性追求或宗教背景的朋友。要辦這種聚餐需要一點勇氣和社交手腕，但我們討論的主題非常吸引人，

可以緩和我們的不同個性和信念之間的衝突。你會考慮發起一個讀書會或電影賞析社團，打造一個屬於你的群體嗎？

成為真實的自己

每個中年人都應該把瑪潔莉・威廉斯（Margery Williams）的經典繪本《絨毛兔》（*The Velveteen Rabbit*）裡的一句話，貼在浴室的鏡子上：「一般來說，當你變為真實的時候，大部分的毛髮已經脫落。」

身為一個六十多歲的禿頭男子，我能充分體會這句話的意思。當然，不論毛髮是多是少，當我們的年紀不斷增長，很容易會開始自慚形穢。幸好，不斷後退的髮際線和逐漸衰老的身體，可以換來新的觀點和智慧，到了中年時會知道，當我們終於要成為我們應該成為的人，並與其他人慶祝這件事，這樣的人生是多麼美好。

最後終於踏進入了心靈的永恆世界，真好！畢竟，這是年歲增長的自然進展，《絨毛兔》精準描繪了其中精髓，這個故事是關於一隻兔子玩偶渴望藉由主人的愛，變為真實的故事：

你逐漸變為真實，這需要花很長的時間。這就是為什麼它很少發生在容易破碎，或是有稜有角，或是必須被小心呵護的人身上。一般來說，當你變為真實的時候，大部分的毛髮已經因為主人的愛撫而脫落，而且你的眼珠掉了，關節鬆脫，樣子變得又破又舊。但這些事一點也不重要，因為你一旦成為真實，你就無法變醜，只有那些不了解真實的人，才會認為這些磨損使你變得醜陋。

絨毛兔萬歲！這隻毛絨絨的兔子提醒我們，到了中年，我們要認真成為真實的自己，並與人分享那個真實的自己。我們一起來真的！

5

我不需要管那麼多了

乍看標題,本章似乎跟我在第 4 章對於情緒智商(EQ)與人際關係的價值的沉思不太搭調,不過請你發揮耐心,再多讀幾頁。對許多讀者而言,本章或許是這本書最重要的一章。

多年前,有一本大眾心理學暢銷書《別為小事抓狂》(*Don't Sweat the Small Stuff*)風靡一時。你只要把「小事」換成「心胸狹窄的人」,就大概知道本章在講什麼了。

當我年輕的時候,做決定時很難不顧慮別人的看法。無論是運動還是寫報告,我都希望得到回饋(當然還有別人的肯定),我把人生視為一場大型演出。有一件往事令我永難忘懷,我當選長灘職業高中(Long Beach Poly High School)學生會長時,我的一個朋友吉妮(她自詡為有反骨精神的藝術家)跑來對我說,「我不喜歡你。」我大吃一驚,問她為什麼這麼說,她氣憤的說,「因為所有的人都喜歡你。」這不是我能控制的,

不是嗎？不過，儘管她說的話其實是一種反向稱讚，17 歲的我還是非常在意，心情大受影響。

然而，現代人「為小事抓狂」已成家常便飯。臉書和 IG 無止境的按讚、裝謙虛真自誇，以及擺明的炫耀文，使我們不得不為了別人的目光，費盡心思包裝自己。

好消息是，我們終於來到一個人生階段，不再需要留意按讚數、為了寫貼文絞盡腦汁，以及用修圖軟體修飾每一張照片。年紀增長之後，大多數人已不再像以前那樣，那麼在乎別人的看法了。我們發現，「在乎」不僅分散我們的注意力，還會消耗我們的精力和心思。到了中年，我們開始把精力用在更重要的事情上。

好人最適合生存？

這不是新冒出來的問題，哈佛大學教授亞瑟・布魯克斯（Arthur Brooks）在《大西洋月刊》一篇標題為「沒有人在乎！」（No One Cares!）的文章提醒我們：羅馬的斯多葛學派哲學家馬庫斯・奧理略（Marcus Aurelius）在二千年前就寫道，「我們愛自己多過愛別人，但我們更在意別人的意見，而不是自己的意見。」

布魯克斯說,縱觀人類歷史,人類的生存取決於他人的認可;我們需要他人的認可,才能繼續待在關係緊密的宗族和部落裡,否則會被逐出群體,被判死刑(凍死、餓死或是被野獸殺死)。他還說,這或許是生理疼痛與社交拒絕,由相同的腦神經來處理的原因。這或許也是有些人選擇按照「好人最適合生存」的原則生活的原因(儘管我們氣到在睡夢中咬牙切齒)。

我承認,我這輩子一直在討好別人。年輕的時候,我很需要社會的認可,因為我覺得自己是個怪胎。在青少年階段,我的父母曾考慮送我去接受心理治療,因為我寧可跟想像中的人交朋友,不想跟真人交朋友,因為我想像出來的朋友一定會喜歡我。後來,內向的我終於轉性了。

我開始追逐別人的賞識,來逃避自己不夠好的感覺。我的腦袋裡有一張計分卡,上面記錄了我生命中的每個人有多麼欣賞我。我實在太厲害,在國中時期甚至找出了全校最有人氣的三個男生(亞倫、艾瑞克和麥可),然後想辦法跟他們混在一起,成為四劍客!無庸置疑,我在乎的不得了。

我在高中和大學時期是一個未出櫃的肌肉男,交了不少女朋友。「性愛」話題總是讓我脊椎發涼,但在大學的兄弟會裡,所有的男生只談這個話題。我的性生活成了一種表演,演給女朋友和我那些兄弟看,我必須向兄弟詳述我的英勇事蹟。

現在一想起這些往事，我就覺得羞愧得無地自容。

我在 1983 年夏天出櫃，當時我 22 歲，在紐約市工作。在我新歸屬的群體中，性愛還是唯一的話題，同樣的，性愛體驗依然是我獲取我最渴望的社會認可的工具。

有些人在開始獲得事業成就之後，就擺脫了討好別人的本能。然而，我在 26 歲創業，開了一家精品旅館，成為初出茅廬的執行長。我對於別人對我的看法格外敏感，一方面是因為，我是一個很不尋常的樣本，在 1980 年代，在一直非常保守的旅館業，年紀輕輕就當執行長，而且是個同志；另一方面，因為旅館業的使命本來就是要讓顧客開心。因此有很長一段時間，在乎別人成了我的本能。

旅館業經營者的角色，把我的好人特質擴大到了極限，直到有一天，我意識到許多人其實只關注自己。大多數人忙著想自己的事，根本沒時間在乎我，這個新發現治好了我的毛病。我開始閱讀心理學書籍，學習九型人格之類的人格分類工具，讓自己明白，我不是唯一的怪胎。

我慢慢意識到，所有的人一直高估了別人對自己的看法。我發現，我們用雷射般的專注力，聚焦自己的失敗，於是認定其他人也和我們一樣：用顯微鏡檢視我們的失誤（但他們根本沒有這麼做）。

一個例子是，我 50 歲開始在我家附近學衝浪。我很確定，坐在海灘上的所有人都在看我，而且只有我一個人是手忙腳亂的初學者，但實情是，當時有好幾十個菜鳥在海上學習如何乘風破浪。我對於完美表現的在意，很自然導致了一種表演焦慮，使我無法與海浪合而為一。

　　我的解決方法是，在黎明時分去練習，海灘在那個時候空無一人。就和我學習瑜珈的經驗一樣，當我抓到訣竅之後，我開始明白，衝浪雖然是一種個人運動，但實際上是一種團體活動，當我忙著做單人表演，就失去了與其他人同樂的機會，包括在海上和陸地上。在那以後，我終於可以不在乎我在衝浪板上是否英姿煥發了。

不在乎，可以讓你開始在乎

　　馬克‧曼森（Mark Manson）寫的《管他的》（*The Subtle Art of Not Giving a F*ck*）自從 2016 年出版以來已經熱銷超過一千六百萬冊。很顯然，不只是我們開始意識到，活出美好人生的關鍵在於，不去在意大多數的事，只關心少數重要的事。

　　到了中年，只在乎少數事情的態度顯得格外珍貴，當我們意識到，在人生上半場一直在累積東西，現在是時候做一些修

改了。學習把人生不同的部分排出優先順序,是我們年歲漸長後的要務之一。畢琳達・麥基(Belinda Mackie)在《有益的拒絕》(*The Good No*)指出,曼森想說的是,「不在乎的重點不在於不關心,而是對與眾不同感到自在。」

遺憾的是,別人對我們的看法常令我們害怕,一部分的原因可能是,那些看法證明了我們心底對自己的厭惡。各位,到了中年,你唯一需要的證明只有停車證。

以我來說,我學會用我的價值觀來篩選,我要把時間用在哪裡。有段時間,舊金山幾乎所有的非營利組織都邀請我擔任他們的董事。我曾一度同時加入六個董事會,包括藝術、關懷遊民、兒童教育、保護公園綠地、爭取婚姻平權等領域。的確,這些都是我想支持的崇高理念,但我的時間有限,分身乏術!我後來發現,我最關心的是城市貧困議題,因此,我加入一個位於市中心貧民區教會的董事會,在充滿挑戰的區域努力(我將在 12 章詳述),並從其他的董事會慢慢淡出。

你這生或許只能關注幾件事,因此,你必須謹慎選擇。我們到了中年,開始有能力辨別什麼才是真正重要的事。我們的價值觀定義了哪些活動是有價值的。一位智者說,「你的信念會成為你的想法,你的想法會成為你的話語,你的話語會成為你的行動,你的行動會成為你的習慣,你的習慣會成為你的

價值觀，你的價值觀會成為你的命運。」

居住在倫敦的凱伊・史格拉（Kay Scorah）在英國北部長大。她的祖母曾參加婦女參政權運動，也是工會領袖，還推動平權。祖母的抗議行動與行動主義傾向使她意識到，讓世界變得更好的唯一方式，是用行動修正世上的錯誤，而不只是光說不做。祖母告訴凱伊，不要依從體制，而是要反抗，甚至是反叛。

凱伊接受祖母的信念，但就和多數人一樣，實用主義介入，她後來走上了傳統的職涯軌道，在西德當一名科學家。在二十多歲時，她和她的男友擔心，他們若要成為優秀的科學家，就必須拋下一部分的自己：想要改變世界、寫詩、跳舞和創作音樂的自己。他們稱之為「牢籠」，擔心那些帶來喜樂的事物無法帶給他們（財務或社會的）認可，也害怕遭成功絆住了。

凱伊雖然沒有留在生物科學界發展，但她的擔憂成真了。她真的被絆住了，絆住她的是：成功的事業、自我意識、財務需求，但最主要是缺乏自信，她很惋惜，她把很大部分的自己拋下了。不過，年紀的增長將她從牢籠釋放出來，這牢籠包括追逐更多的東西、撫養家庭的責任，以及渴望迎合社會對成功的定義。

於是，在四十多歲到五十歲出頭那幾年，她開始從正職工作抽出一點時間，從事劇場表演、寫作、上舞蹈課，甚至嘗試最令人害怕的單口喜劇表演。到了快 70 歲的時候，她選擇住在一間小套房，用一輛十五年車齡的小車代步，那輛車是已故父親留下來的。她把大部分的個人物品送人，盡量把時間用來教導年輕人，因為她覺得自己從他們身上學到同樣多的東西。這是她一生中最快樂的時光。

她覺得不再受社會對職業婦女的期待的束縛：她不但必須比同輩的男性同事更努力、更出色，還要符合社會對女性的審美期待。她不再讓社會的價值觀強加在自己身上，現在她說，「我是個隱形的女人，我覺得好輕鬆！」

她甚至將這個感觸融入她的喜劇表演中：

> 跟我同年齡的女性會抱怨被別人視而不見。我完全不在意這件事；其實，這對我的工作非常有利，因為我是個扒手，偶爾還會當個殺手。我正處於女人的「更年老年期」，也就是更年期進入尾聲、老年期剛開始的時候。女性荷爾蒙蕩然無存之時，是非常有威脅性的年紀。

和大多數喜劇演出一樣，這個笑話反映了真實的人生。凱伊相信，被人視而不見加上欠缺有形的財富，使她能勇敢正視

與反抗霸凌者,揭發他們的惡形惡狀。她不再有威脅性,也不再成為目標,所以她可以暢所欲言。「別人眼中的我的弱點,反而給了我力量和勇氣,」她解釋道,「除了智慧和個人見解,我的身上沒有任何別人想要的東西。」

凱伊是個很好的榜樣,告訴我們不用擔心外表好不好看,或是該說什麼話,我們唯一要在意的是我們的行動。現在,她展現了她的行動主義傾向,努力帶來改變,不僅是為她自己,也為了地球和她的社群。

凱伊・史格拉不想再管那麼多了,但她真正想管的事,對她和其他人都深具意義。

每個人都是彼此的鏡子

我們每個人是彼此的鏡子。凱伊在快要 70 歲的時候所展現的活躍行動,可以為三個世代的女性提供榜樣。我們有時會忘記,年輕人多麼希望,我們這些長輩能為他們照亮一條通往健康快樂的老年人生之路,因為所有的人(如果夠長命的話)總有一天會踏上那條路。

備受愛戴的天主教神父理查・羅爾(Richard Rohr)有數十本著作,在全球有大批各個年齡層的追隨著,他們非常認同羅

爾神父具有普遍性而且充滿了愛的宗教觀點。羅爾神父住在現代長老學院的附近，2021 年，78 歲的他決定以學生，而非老師的身分加入我們，令我們深感榮幸。

他在《踏上生命的第二旅程》(*Falling Upward: A Spirituality for the Two Halves of Life*) 提到：

> 人到中年要做的，主要是學習分辨兩種人：一種人透過你來處理他自己的問題，另一種人按照你的本來面貌與你打交道……。人生到了下半場，你會知道什麼是你的真實面貌，以及別人能否反映你的真實面貌。這個能力可以使你不會把別人的羞辱或讚美看得太重。

他還說：

> 我很懷疑，人在 55 歲以前，有沒有辦法如此冷靜的分辨和保持淡定。這個世界迫切需要真正的長老來清理我們的視野，並且不受到情緒和自我投射所困擾。

評斷他人就是評斷自己。我在這個人生階段學到了一件事：如果我要善待自己，首先要讓寧靜入住我心。當我培養了平靜與沉著的心理狀態，就不會那麼嚴苛的評斷自己，尤其在我可能被惹毛的時候。我已經厭倦被人激怒，我要明智的慎選

戰場。

下列是我最喜歡的小訣竅，防止自己在不應該被激怒的時候暴走：

1. 我問自己，「從我的一生來看，這件事重要嗎？」
2. 我減少花在社交媒體的時間，並拒絕「陰暗刷屏」（doom-scroll）。*
3. 我要去做我關心的事情時，不再尋求任何人的「准許」。
4. 對於從前覺得有義務要做的事，我現在比較能夠拒絕了。

我也常背誦三句話，史蒂芬・柯維（Stephen Covey）認為這三句話充分展現大屠殺倖存者維克多・弗蘭克（Viktor Frankl）的智慧：「在刺激與回應之間有個空間。在那個空間裡，我們有權力選擇如何回應。在我們的回應裡，我們得以成長、得到自由。」

我在帶著我的狗潔米進行例行性「敬畏散步」（awe walks）時，找到了那個空間。我在行程表上用「探索未知」（spying on the divine）標注那些散步時間，這種兼具冥想和散步的活動對

---

* 譯注：「陰暗刷屏」指人們不斷瀏覽負面新聞，陷入焦慮與恐懼的循環，卻沒有自覺。

中、老年人特別有價值，因為它不只是運動，還能幫助我們感受到一種超然的力量，某個神祕、不可言喻且美好的東西。我會盡可能到不同的地方散步，因為我更可能會看見新奇的事物，體驗孩子般的驚喜。

當我們因為看到忙碌的蜂鳥或是一棵橡樹上布滿了蔓藤而驚嘆不已，被某人激怒而生出的負能量就會消散。若要產生敬畏之心，我們需要掙脫自我的束縛，並意識到，除了對朋友或鄰居的惱人言行極度敏感，我們也能成為「一流的觀察者」。每當我要跨出敬畏散步的第一步之前，我總是會問，「大自然，你今天要教我什麼？」

大自然有沒有可能成為你的鏡子？

將情緒留給值得專注的事

「惹惱」（annoy）一詞源自拉丁文 in odio，意思是「令我憎惡」。我們偶爾會有憎惡的情緒，尤其在對立愈來愈嚴重的社會政治界。但讓我們試著用明智的眼光來看這種憎惡，畢竟，我們是這種有毒物質的容器，它無疑會腐蝕我們的內在。

每個人都有地雷。但到了中年，我們會發現自己比較有能力分辨，到底是什麼把我們惹火了。我們能讓大多數的事情過

去，把精力和情緒留給值得專注的少數幾件事。我的一位行動主義朋友說，「我待在地球的時間愈長，我的嗓門就愈大，但我會更加刻意選擇在什麼時候放開嗓門。」

或者，當你覺得自己快被惹毛時，可以採納喜劇演員瑞奇・賈維斯（Ricky Gervais）的忠告：「開心點，這麼做真的可以把充滿負能量的人惹毛。」但不要為了惹惱別人而這麼做，因為那代表你很在意。我最近在一位可能比我年長 20 歲的人的 T 恤上，看見這句話：「一位女智者說完『我不玩了』之後，從此過著幸福快樂的生活。」我真想給這位我不認識的女智者一個大大的擁抱。

PART 3

心智人生

6
我的智慧令我驚奇

知識在你的手機裡,智慧在你的直覺裡。

中年人常遭詬病的一點是「腦袋不靈光」。我們不但被年輕人視為科技白痴,人們也開始拿我們的記憶力或理解速度開玩笑。

本章要講的,不是如何確保你的心智不會比你的壽命或健康期更早打烊。別擔心,我不會要你玩數獨遊戲。我想向你保證,上述對於中年人腦力的看法,大多是沒有根據的(一個原因是,我認識一些優秀的科技精英,他們有些人就是五、六十歲):實情是,某些心智能力其實會隨著年紀增長而提升。

的確,處理新資訊、學習和解決問題的能力(fluid intelligence,流體智力),在二十歲出頭的時候到達巔峰。我們大多數人現在如果去考學力測驗,成績多半不如我們在三十年前的

成績。

但另一方面，亞瑟‧布魯克斯在他的暢銷書《重啟人生》（*From Strength to Strength*）提到，我們人腦整體的思考能力（crystallized intelligence，晶體智力，或譯為結晶智力）會隨著年歲增長而提升。事實上，我們的晶體智力要到 70 歲才會達到巔峰。

此外，我們活得愈久，累積的知識和經驗就愈多，看過的模式也愈多。這些東西都是智慧的原料。到了中年，我們是人生學校的專家。我們都成了模式辨識的大師。我們能用更快的速度、更有效的方式串連線索。

大約在二十年前，史帝夫‧賈伯斯（Steve Jobs）對史丹佛大學的畢業生演講時曾說，「向前看無法把線索串連起來；只有回顧過去才能辦到。」活得時間愈長，你擁有的「過去」愈多。

隨著年紀增長，我們左右腦之間的轉換也更熟練了，使得我們能用一個句子，同時表達邏輯和抒情的一面。這也是我們在年歲漸長之後變成煉金術士的原因之一。我不知道你的情形是怎樣，但我融合看似對立元素的能力，現在到達了最高點：好奇與智慧；陰與陽；外向與內向；世俗與靈性；所做（doing）與所是（being）；導師與見習生；莊重與輕浮。我在

任何一個時刻都能憑直覺知道，該採用哪一種元素，這簡直太神奇了。

還有智慧。智慧與晶體智力有關，但不只於此。老年神經精神病學家迪利普・傑斯特（Dilip Jeste）點出了智慧的七大要素：

- 自省的能力
- 善於調節情緒
- 接納多元觀點
- 利社會行為與自然傾向（同理心、同情心、利他主義）
- 果決
- 給予忠告的能力與渴望（給予對他人有益的忠告）
- 對靈性感興趣，想尋求更深層的人生意義。

你進入中年之後，有哪些要素的強度提高了？

知識不等於智慧

你知道我在講哪一種人。他是個天才，行走的百科全書，各種晦澀的資料數據隨時隨地都能脫口而出，但自我覺察能力是零，也完全不懂「男性說教」（mansplaining）這個詞是什麼意

思。他知道愛因斯坦（Albert Einstein）的生日是哪一天，卻記不住自己的結婚紀念日。他能理解核子物理學的知識，但對人性毫無所悉。他是「知識工作者」，但他迫切需要一個「智慧工作者」來輔助他。

在這個知識泛濫的時代，要去哪裡尋找所有人迫切需要的智慧？

知識是「地區性的」，而智慧是「全球性的」，而且便於轉換，它能把你帶到你從來沒想過的地方，遠遠超出你的影響力與專長的範圍。是的，知識或許是力量，但智慧是心智與心靈的財富。知識是靜態的，有可能隨著時間的推移而過時。智慧則是愈陳愈香。知識是利息，智慧是複利。

你的智慧唯你獨有，無法在百科全書找到。它來自你獨一無二的經驗、個人歷史、洞見與人性，無法複製。

知識與技能的關係，如同智慧與實踐的關係。我將在本章中提供一些智慧的實踐方法，讓你可以融入日常生活中。

約翰‧杜威（John Dewey）是哲學家，也是心理學家。他寫道，「資訊只是取得並儲存的知識；智慧是運用知識來獲得能力，以更好的方式過生活。」隨著中年歲月一天一天過，我們開始覺得腦袋裡的資料櫃愈裝愈滿，因此，區分什麼是必要、什麼是不重要的能力，就顯得愈來愈寶貴。

我以前把智慧定義為「消化過的經驗」，但我現在覺得那個定義不夠完整。我對智慧的新定義是「可以提煉出同情心的消化過的經驗」。精明的人會消化他們的經驗，有智慧的人會為了眾人的利益，傳承自己從經驗得到的洞見。我稱之為「提煉出來的同情心」，是因為有智慧的人會根據對方的需要，施予同情。

創立現代長老學院以來，我看到有許多年輕人想要培養並獲得智慧，人數之多，令我大開眼界。誰會想到，來「長老」學院上課的人，有 15% 是千禧世代？

39 歲的亞當・麥坎茲（Adam McCants）在中年人生的早期，辛勤耕耘他與智慧的關係。亞當是個忠實的旅人，在年輕的時候經歷了許多親人的生離死別。他相信，那些傷痛加速了智慧與同情心的增長。亞當熱切的想讓更多人懷抱希望，同時想要把他的好奇心與技術能力，應用在心理健康領域，於是創造了一些工具，幫助人們好好處理他們的情緒。

對亞當而言，智慧能生出同理心。知識是客觀、中性、不帶情感的，但智慧是有感情的。年紀輕輕的時候就培養智慧，影響了亞當的職業發展方向，而且很可能使他避開了許多人經歷的典型中年事業危機。

作家大衛・布魯克斯（David Brooks）說：

你的受苦時刻，會使你對他人的脆弱產生充滿同情心的敬意……。有智慧的人不會告訴我們該做什麼，而是先見證我們的故事。他們把我們說的趣聞、辯解與事件照單全收，見證我們高貴的掙扎。他們由內而外（跟隨我們的經歷），以及由外而內（這是我們辦不到的）看見我們的故事。

41歲的迦勒‧奎德（Caleb Quaid）有兩個年幼的孩子、蒸蒸日上的事業、年邁的父母，以及日益提升的財務與政治影響力，他開始見證自己的故事。就和亞當與其他千禧世代一樣，迦勒年紀輕輕就事業有成。他是國家美式足球聯盟（National Football League）坦帕灣海盜隊（Tampa Bay Buccaneer）的企管總監與專案總監，他在海盜隊待了十年，監督資金超過二億美元的體育館建設計畫。他年輕時為了拚事業，導致工作與生活失衡，疏於陪伴孩子。

海盜隊在教練湯姆‧布雷迪（Tom Brady）的帶領下，贏得了超級盃冠軍，迦勒也因此得到了上面刻了自己姓名的超級盃戒指，但心中卻有一種空虛感。他的內在智慧告訴他，自己對美式足球不再有熱情，於是他到剛興起的「再生」產業創業。出乎意料的是，他的前雇主海盜隊就是新公司「再生轉變」

(Regenerative Shift)的新客戶。迦勒在雷蒙德詹姆斯體育館（Raymond James Stadium）種植了100平方公尺的竹子和原生植物作為圍籬。迦勒認為，從佛教觀點尋找更美好的生活，使他在快要50歲的時候避開了一場事業危機。

現在有三個世代的人可以說進入了中年：嬰兒潮世代、X世代和千禧世代。千禧世代或許可以幫助我們重塑「中年」這個品牌，把中年變成回應人生召喚，而不是回應危機的時期，這令我深受激勵。

我得到智慧的方法

「擁有智慧絕非偶然。」斯多葛學派哲學家塞內卡（Seneca）在二千多年前如此說。這句話對現代人是個重要的提醒：追求智慧是個選擇，而且往往要付出膝蓋擦破皮或自我（ego）受點瘀傷的代價。換句話說，我們當前的困難會產出未來的禮物。

我在28歲時是自創精品旅館的菜鳥執行長。1989年的舊金山地震導致城市部分區域失火，海灣大橋斷裂，許多民眾待在家裡不敢出門。沒有人知道餘震會持續多久。在接下來的六個月，我唯一擁有的一家旅館，住房率不到平時的五成。我一

直在燒錢,不知該如何是好。

　　一個朋友建議我開始寫日記,可能是因為我的抱怨讓他聽到很厭煩。就在我咬牙苦撐的那段期間,我在某個週末從書架取下一本空白的日記本,盯著它看了幾分鐘,希望它能開始自動書寫。我用很大的音量循環播放皇后合唱團的「我們是冠軍」(We Are the Champions)這首歌,因為建議我寫日記的朋友說,這首歌能讓他走出壞心情。這個做法對我或鄰居⋯⋯都沒效。

　　當我意識到日記不會自己填滿內容之後,就開始把我在那一週學到的東西寫下來:我從失敗學到的教訓。這些要點看起來很像是某人想給至親好友的忠告,而那個至親就是我。

　　例如,我學到的一個教訓是,我去問銀行能不能提供信用貸款。對方告訴我,我應該在地震發生之前申請,並且教我借貸的第一守則:絕對不借錢給缺錢的人,只借給不是真正缺錢的人。老兄,假如我有那種神奇的遠見,就不會把旅館蓋在舊金山這個地震帶上了!

　　另一個教訓是,向領導團隊提出新點子之前,先爭取懷疑派的支持。我提出了一個我認為很有創意,但可能有些不尋常的行銷點子:為了吸引北加州的居民來住我們的旅館,可以租一台造雪機,放在泳池旁的空地,讓來到舊金山進行節日採購

的人可以在那裡造雪人。這個構想才說出口，立刻遭到兩個懷疑論者圍攻，告訴我此計不可行的各種理由。我的點子蒸發的速度，比加州雪人融化的速度還要快。假如我先向這兩位懷疑論者一對一說明我的點子，聽聽對方的建議，或許他們在團隊會議上會比較支持我的提議。

我花了 30 分鐘反思那一週學到的功課，並在日記封面寫下「我的智慧之書」，從此，我養成了寫週記的習慣。我會在每個週末，把我在當週學到的重要功課記下來（主要是關於我的事業或領導力，有時也關於我的私人生活），以及我學到了什麼。數十年後，我發現我透過這個每週末的儀式，收割與消化我的智慧，作為未來之用，造福我自己和其他人。

> **心靈工作坊**
>
> 你也可以這麼做。在即將到來的週末，拿出沒過用的筆記本，隨手寫幾個句子，記錄你在當週遇到的三、四件事，包括你如何處理這些事（即使你犯了一、兩個錯），以及你學到了什麼功課。這個練習可以讓你加速智慧增長。

學習承認自己有智慧

在現代，談論智慧有點像是一種禁忌，即使人類討論智慧已有數千年的歷史。原因或許是，知識顯而易見，而智慧轉瞬即逝，甚至是神祕的。大衛・布魯克斯在散文「智慧和你所想的不同」（Wisdom Isn't What You Think It Is）指出，備受喜愛的智者其實很難給我們親切感，像是尤達（Yoda）、鄧不利多（Dumbledore）和所羅門王（Solomon）。當然，若有人四處宣告自己有智慧，也會讓情況變得有點尷尬。這就是智慧之謎：沒有任何一個智者會說自己有智慧。

到了中年，是時候開始帶著一定程度的意圖，承認一個事實：你在過去這些年獲得了某些智慧。你可以把智慧想成，人生的務實層面與心理層面的交集。你就像是站在十字路口的交通指揮員。你對於自己和人類同胞了解多少？

布魯克斯在文章中提到，有智慧的人「比較像是故事編輯者，而不是智者」。從這個角度看，智慧忽然變得更容易親近了。你不需要成為白袍巫師，教導別人一些人生的祕訣，或是成為勵志演講者，滔滔不絕訴說冠冕堂皇的陳腔濫調。你可以成為一個「勵志傾聽者」，當好友向你哭訴，你以一流觀察者的能力，洞察他的故事主軸線。你是一個有同情心的探知者，

你提問不是為了凸顯你有多聰明，而是為了服務他人。那代表你要提供的是嶄新的觀點和有智慧的靈魂。

在我們年輕的時候，分析能力往往訓練過度，而覺知能力訓練不足（感謝彼得・杜拉克的洞察）。我們知道如何思考，卻沒有好好學習如何觀察與感受。大多數人對於世事只瞥見表象，不看穿那表象。到了中年，我們變得更專注，可以看得更深，也變得更有耐心，讓模式辨識的直覺得以發揮。活在那種智慧裡，你的存在會真正成為周圍人的禮物。

進入中年的你，視線沒有死角。你發展出邊緣視覺，能看見每個決定附帶的優缺點。你也學會辨識盲點，避免落入舊有模式。如果在二十多歲就擁有這些能力該有多好啊，那時你剛開始從事那份磨耗靈魂的高薪工作，或是基於別人的看法而與錯誤的對象結婚。

問問你自己，「跟二十年前相比，我是否更信任我現在做的決定？」假如你的答案是肯定的，何不為你得到的智慧感到自豪？

經過提煉的人生智慧

我們在任何年紀都可以培養更多智慧，智慧是沒有上限

的，因為我們是全年無休的獲得智慧的原料（人生的經驗）。但智慧需要刻意培養。下列方法可以幫助你積極且有意識的把智慧培養成一種必要的生活能力。

1. **分享你的智慧**。每年列出五句可以提供給後輩的智慧之言。巴拉圭的首都在哪裡，或是如何調製一杯馬丁尼，不屬於這個範圍。你的知識不算是你的智慧。你其實能辨識什麼是原創的智慧，因為它來自你的心或直覺，或是你的本質。你可以找幾個朋友，大家一起分享彼此的智慧。

2. **每天背誦寧靜禱告**。「神啊，請賜我寧靜的心，去接受我無法改變的事；賜我勇氣，去改變我能改變的事；賜我智慧，以分辨二者的不同。」在你面對充滿挑戰的處境，這個禱告顯得格外寶貴。分辨常數（你無法改變的事）與變數（你能改變的事），不僅使你成為一個數學家，還能使你成為一個有智慧的人。無論你有沒有宗教信仰，這個禱告詞都很有價值。

3. **以第三人稱給自己忠告**。我們通常能給別人明智的忠告，但很難給自己客觀的建議。芝加哥大學智慧研究中心（University of Chicago Wisdom Center）的心理學家伊戈爾‧格羅斯曼（Igor Grossman）建議，面臨重要關卡時，試著

想像你正在對遠方或未來的自己說話。格羅斯曼引述一項研究結果:「保持距離有助於人們用更明智、更客觀的角度,省思各種挑戰」,他建議我們使用第三人稱的語法(用「奇普會怎麼想?」而不是「我怎麼想?」或是問自己「一年後的我會如何回應?」)。

4. **培養直覺**。直覺與智慧都需要倚賴晶體智力與模式辨識能力,但很少人研究二者之間的關聯。開始寫直覺日記,把它放在床頭櫃上,在夢境的記憶消失之前,把你做的夢寫下來;潛意識是培養直覺的沃土。當你產生某種直覺,像是關於某個人的性格、某個事業發展的前景、某個財務決定,甚至是到某地度假有可能會改變你的一生,把這些想法和當天的日期寫下來。經過一段時間後,回頭查看有幾個直覺成真了。你可能會慢慢開始對自己的直覺愈來愈有信心。

5. **定期詢問自己,你身為團隊、團體或家庭的成員,學到了什麼**。你現在已經知道,我很珍惜我的智慧之書。在過去,我會請我的一些領導團隊進行面對面會議,談談大家在上一季或去年學到了什麼,形成眾人的集體智慧。我們可以藉此分享洞察,同時明白,表達自己的脆弱之處(自以為無所不知的相反)可以創造更深的連結。

年紀增長最大的收穫之一是，看見年輕時代種下的智慧幼苗，在我們的內在成長茁壯。把這些智慧跟別人分享是很有價值的事。記得你的奮鬥故事，不一定代表那會變成智慧。你過去的經歷若沒有經過消化，因應情境賦予新意，並謙卑的與人分享，只會使年輕人把你當成「囉嗦的老人家」來應付。

　　隨著人工智慧不斷深入我們的社會，以及知識愈來愈商品化，我們正逐漸從資訊時代，走向直覺時代。機器人，小心點，有一大群中年人已經準備好了，他們能與他人分享消化過的人生經歷，使世界變得更好。

7
我明白了我的故事對自己的意義

沒有人比你更了解你的故事。

小說是人生旅程的極佳比喻。當你 25 歲時，你很難把人生視為一個主題連貫的故事。當你讀小說讀到四分之一處，你還不知道故事會如何發展，假如有人問你，這本書在講什麼，你可能說不出個所以然。不過，當你讀了一半，你已經知道這個故事在講什麼，也能說出故事的主題，即使你不知道故事會如何收尾，或是還有哪些轉折。同樣的，當你 50 歲時，你已經看了夠多的情節，而且開始看見主軸線。

到了中年，你開始了然於胸，成為自己人生故事的見證人與編劇。當我們把說故事的能力與自我覺察結合在一起，誰知道我們會創作出什麼樣的傑作？本章的內容豐富，足以自成一本書（所以有需要的話，就多讀兩遍），它會幫助你用你的故

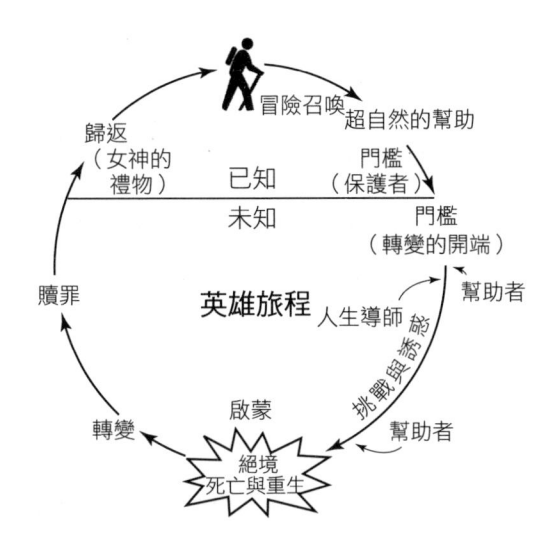

```
                    ↓
              冒險召喚   超自然的幫助
     歸返              門檻
    (女神的    已知    (保護者)
     禮物)                    ↘
              未知         門檻
                        (轉變的開端)
                              ↘
                              幫助者
     贖罪    英雄旅程  人生導師
                      挑戰與誘惑
                              ↙
                              幫助者
      轉變    啟蒙
              絕境
            死亡與重生
```

事的原始素材，創作出一個傑作。

美國神學家喬瑟夫·坎伯（Joseph Campbell）把「英雄旅程」（Hero's Journey）的概念發揚光大，他相信，我們要透過故事來找到真相。他在《千面英雄》（*The Hero with a Thousand Faces*）如此描述這個旅程：「一個英雄從平凡的生活進入超自然的神奇世界：他遇見奇幻的力量，並贏得 場決定性的勝利：這位英雄帶著造福他人的能力，從一場神祕歷險歸返。」

坎伯把這個週期性旅程分為三個階段，如上圖所示：啟程（分離），英雄被迫離開平凡世界；啟蒙，英雄跨入另一個世界，面臨阻礙；歸返，英雄跨越門檻，回到原來的世界，此

時，這位英雄看起來已有所不同，因為他已經改變了。

年齡增長的好處之一，就是看出自己人生的模式或主題。這個看見不一定美好，但總是發人深省。心理學家榮格提出的陰影概念廣為人知，陰影是人格被驅逐到無意識的部分。榮格在《伊雍》（Aion）探討了無意識在我們的生活中扮演的角色。有人曾改述榮格的說法：「我們沒有帶到意識層面的部分，在生活中以命運的方式出現。」

聽到「命運」一詞，我想到的是，大家圍著營火分享的神話傳奇或故事，但命運不一定是注定的。假如我們的頭腦夠清楚，能看見自己的模式並修改我們的故事，我們就能改變自己的命運。

我最近讀到好萊塢編劇克里斯多夫・佛格勒（Christopher Vogler）對英雄旅程的詮釋，常看電影的人可能會覺得很熟悉。佛格勒把英雄旅程分為十二個階段，他啟發我，把自己的人生想像成一個英雄旅程。這十二個階段如下：

1. 平凡世界（The Ordinary World）
2. 冒險召喚（The Call to Adventure）
3. 拒絕召喚（Refusal of the Call）
4. 遇見人生導師（Meeting the Mentor）

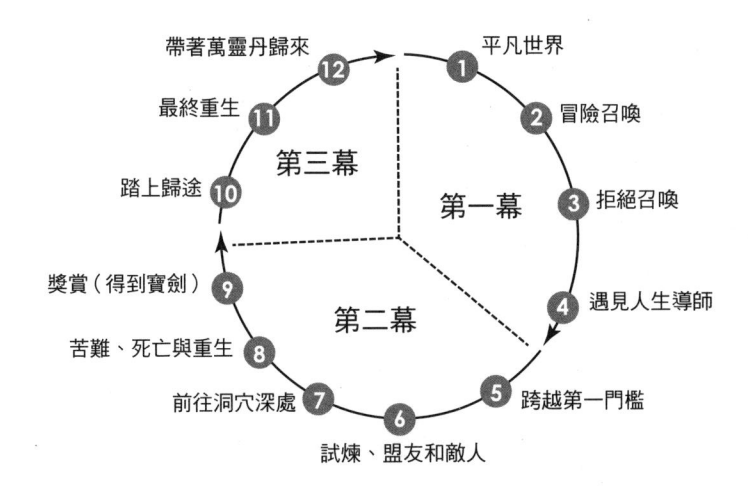

7 我明白了我的故事對自己的意義

```
帶著萬靈丹歸來 ⑫      ① 平凡世界
  最終重生 ⑪              ② 冒險召喚
         第三幕    第一幕
  踏上歸途 ⑩              ③ 拒絕召喚
獎賞（得到寶劍）⑨   第二幕
  苦難、死亡與重生 ⑧     ④ 遇見人生導師
     前往洞穴深處 ⑦  ⑥  ⑤ 跨越第一門檻
           試煉、盟友和敵人
```

來源：克里斯多夫・佛格勒的《作家之路》（*The Writer's Journey*）

5. 跨越第一門檻（Crossing the First Threshold）

6. 試煉、盟友和敵人（Tests, Allies, and Enemies）

7. 前往洞穴深處（Approach to the Inmost Cave）

8. 苦難、死亡與重生（Ordeal, Death, and Rebirth）

9. 獎賞（得到寶劍）(Reward〔Seizing the Sword〕)

10. 踏上歸途（The Road Back）

11. 最終重生（Resurrection）

12. 帶著萬靈丹歸來（Return with Elixir）

我在本章的最後，會介紹你認識喬艾樂・卡爾頓（Joelle

Calton），你會發現，上述模型適用於所有的男女英雄，因為到頭來，重點不在於成為英雄，而是成為一個人。

我的英雄旅程

　　通常，到了中年的某個時候，我們會對自己的能力有足夠的認識，於是開始覺得我的陰影自我（shadow self）就是真正的我。我們面對自己原始、未經掩飾、未開化的狀態。在這個陰影國度，我們被自己的愚蠢、罪惡、自私牽著走，活出虛假的自我。我們必須以絕對的誠實、懺悔與臣服，加上一點寬恕，通常還有一些必要的賠償或道歉，靠自己的努力克服它。傳統的說法是悔改、贖罪或清除。

　　──理查・羅爾，《放手的藝術》（*The Art of Letting Go*）

　　我在成年人生的下半場，繪製了引導我的思維與行動的情緒迷宮。我試著保持勇敢和清醒，看見我所有的陰影，那些潛伏在黑暗中的人格特質（自私、不耐煩、驕傲）。

　　對許多人來說，在中年面對自己的陰影是避之唯恐不及的事。我們害怕潛伏在人生表象之下的事物。我們覺得自己像是腹語表演者手中的人偶，但沒有意識到，我們其實是那個表

演者。

你的陰影不是瑕疵，而是你天生的一部分。每個人都有陰影。要學習看見你的陰影或對你無益的模式，你需要有成長心態，以及提升自己的意願，即使透過放大化妝鏡看見自己的習慣或信念，有時是很痛苦的事。本章稍後我將會讓你釋放你的好奇心，帶著探索的心，去看見你的陰影。現在我先帶你來個中年午夜漫步，看看我的黑暗面，然後再回來。

在最近一次的節慶假期，我讓一位南美洲薩滿巫師幫我進行振動能量療癒，他用各種樂器，包括聖鈴和澳洲原住民管樂器迪吉里杜管（didgeridoo），把我從歲末沉睡喚醒（是的，我樂於嘗試各種怪異的方法來尋求洞察）。假如你曾做過「聲頻浴」（sound bath），就會知道這種體驗能鎮靜你的神經系統，同時搖撼你對現實的覺察力。到了中年，我們都需要搖撼一下千篇一律的既有生活方式。

完成療程那天夜裡，我做了一個栩栩如生的夢。我看見自己像是《星際大戰》（Star Wars）的天行者路克（Luke Skywalker）與《駭客任務》（The Matrix）的尼爾（Neo）的綜合體，經歷了各種挑戰。這可能是我這輩子睡得最沉的一次。隔天早上，我覺得非寫點東西給自己不可，於是在接下來的二十四小時，屬於我個人的英雄旅程就完成了：我在自己這一生所做的

奇普的英雄旅程

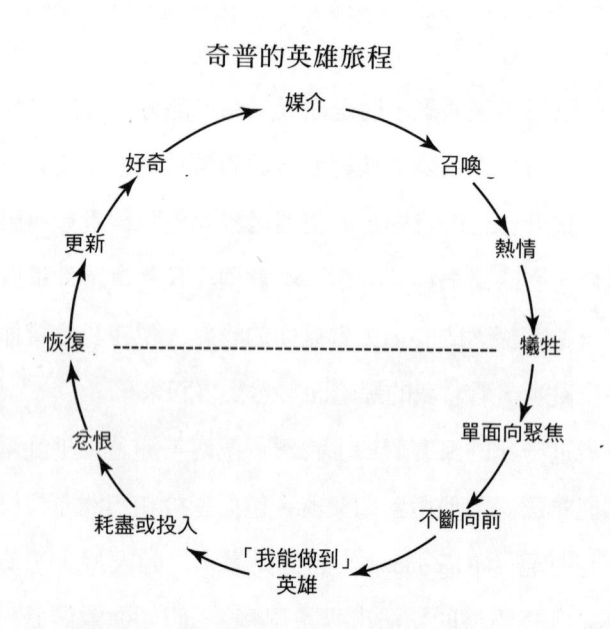

```
            媒介
      好奇        召喚
                    熱情
    更新
  恢復 ------------------- 犧牲
                    單面向聚焦
    忿恨
                    不斷向前
      耗盡或投入
          「我能做到」
            英雄
```

事當中所看見的模式。

我的起點是圖形最頂端的「媒介」。當人生一切順利時，這是我的預設設定：成為催化性創意的媒介。無論是寫作、經營創意或是對人的直覺，當我處於最佳狀態，我能洞悉時代思潮，我實在太厲害，以致人們叫我「時代思潮衝浪者」。至少有某一種型態的潮流是我擅長的！畫出這個圖形之後，我現在知道，我需要更了解自己在什麼樣的條件下能成為最好的媒介。

1. **召喚**（Calling）：當我的管道是暢通的，我與集體潛意識的連結是滿格的靈性 Wi-Fi。在那些時候，我通常覺得自己受到某個點子或預感的召喚。我的問題不在於是否要回應召喚。有時候，有太多召喚同時出現，我必須分辨應該將熱情與注意力放在哪些召喚上。我就像是莉莉・湯姆林（Lily Tomlin）在喜劇節目《Laugh In》中，扮演毒舌接線生的恩妮絲汀（Ernestine），她與顧客的對話引發了不少笑料。

2. **熱情**（Passion）：當我回應某個召喚，這個概念的原始潛力會激起我的熱情。這股能量把我喚醒，離開舒適圈，投入這個召喚。我很喜歡這種電流在全身血管流竄的感覺，尤其是中年，因為許多人將中年視為休眠期。

3. **犧牲**（Sacrifice）：當熱情自然向外發展，會形成一種犧牲的意願。英雄旅程的過渡階段就此展開。對現代人來說，犧牲聽起來像是自討苦吃或是一種損失，但我認為，犧牲是奉獻的同義詞，它是我把忠誠與熱忱獻給更崇高使命的機會。

4. **單面向聚焦**（One-Dimensional Focus）：我鑽到熟悉的生活的表象之下，情況開始充滿不確定性。我的習慣性傾向會使我極度專注在這個新的召喚，以致忽略生活的其他部

分。這個時候,我會開始聽見我的朋友和家人對我說,他們覺得我的腦子壞掉了(而我會努力用自己的聲音蓋過他們的聲音)。但在旅程的這個階段,我覺得自己像是撿到了寶。

5. **不斷向前**(Treadmill):接下來,由於我對於創造成就有點上癮,於是我會開始衝向這個召喚。我的抱負心啟動,不斷加速。我是典型的創業者:必須一直到衝過了頭,才會知道自己的極限在哪裡。我的座右銘是童書《小火車做到了》(*The Little Engine That Could*)的:「我想我可以,我想我可以,我想我可以……」。

6. **「我能做到」英雄**("Can Do It" Hero):在這個圓形的最底端,我堅強的個人主義意識高到破表。我屬於九型人格中的第三型人格(成就者),我像個火車頭,充滿動力。我在這個階段的問題可以用一句格言總結,「一個人,走得快。一起走,走得遠。」我開始與團隊脫節,對每個人都沒耐心,包括對我自己。

7. **耗盡或投入**("Spent" vs. "Invested"):當我活出我的召喚與使命時,我擁有強大的耐力,對痛苦也有極大的耐受力,也就是說,我要到突然沒電的時候,才會知道自己已疲憊不堪。此時我思索自己的努力是「耗盡」或「投入」。我

總希望自己是投入的，但在不順遂的日子，我會覺得自己耗盡了。這個耗盡的時刻就像來到了谷底，也就旅程的第八站。

8. **忿恨**（Resentment）：忿恨的情緒滲入。做這個、那個的人為什麼是我？其他人為什麼不能跟上來，或是做多一點？我變成了受害者，那是我最厭惡的角色（無論是自己或別人把自己當成受害者）。你聽過「水星逆行」吧？我是「電路逆行」，此時我處於最糟狀態。

9. **恢復**（Recovery）：假如我有足夠的自覺，覺察到自己的狀態（或是經由同事或朋友的提點），我會設法恢復自己的能量與意圖。我通常會自己躲起來，做一些讓我的身心靈充電的事，例如敬畏散步（第 5 章有提到），並增加冥想的次數。

10. **更新**（Renewal）：但願我在這個階段會看見努力的成果。即使我不是凱旋歸來，至少會覺得自己有所不同，因為我在這個過程中得到了更多智慧，並對於自己在下一次冒險的時候能更有智慧，懷抱希望。此時是個好時機，對這次冒險進行反思，以及消化這次的經歷。

11. **好奇**（Curiosity）：最後，我終於有時間和空間發揮好奇心，然後，整個神奇的過程可以再來一次。古時候的探險

家追尋的是青春之泉，我尋找的是好奇之泉，因為那是我的創造力與喜樂的泉源。

12. **媒介**（"Conduit"）：從「媒介」到「我能做到」，再回到「媒介」，周而復始不斷循環。這是我人生的常見模式。當我從「我能做到」回到「媒介」，我不覺得自己在工作，而是在流動。我是被傳導物，而不是傳導體。

當我把自己的故事發展寫出來之前，我一直不太知道自己的生命歷程按照這個模式走了幾次，以及有多少的陰影在不知不覺中影響了自己。我現在知道，我在一生中曾多次被引導，踏上這個神奇的旅程。既然我已經發現英雄旅程一部分的陰影，希望下一趟旅程能夠不再那麼凶險。

你可能注意到，我的旅程的十二個階段與克里斯多夫·佛格勒提到的十二階段不太吻合。確實如此，每個人都必須畫出自己的英雄旅程地圖；沒有公式可以套用，只有準則。這個英雄旅程不是只進行一次。它無法代表全部的人生，只是在一生中多次經歷的一個旅程。

我確信你的英雄旅程會和我的不同。你的旅程或許只有六或八個階段，或是有二十個階段，而這類旅程必然會出現看似互相抵觸的階段。在畫出你的旅程地圖之後，在相對立的階段

之間畫一條線,註記這個對立性。

我的情況是,熱情與忿恨、單面向聚焦與重生形成對比。了解這個對立性可以讓我們知道,需要做什麼才能回歸平衡。在我的例子中,包括尋求更多的協作;當我投入我熱衷的計畫,要留意短視與過度聚焦的傾向;不忽略能讓我恢復元氣與健康的活動,尤其當我沉迷於某個計畫時。

英雄旅程是我們不斷修改的人生劇本。

將你的人生想像成一趟英雄旅程

你不必因為要想出自己的英雄旅程故事,而有表演焦慮。如果你覺得很困難,可以當成在玩填字遊戲,用人生中的線索,填入週期性歷險的各個階段。請記住,你擁有的人生經歷已經夠多,足以看出一些模式。你可以試著參考下列的引導與提問:

1. 首先,想像你人生中符合三部分結構的關鍵時刻:(a)離開你的日常生活(b)踏入充滿冒險或挑戰的未知世界(c)回歸你的日常生活,但你的日常生活已經改變了,因為你已經改變了。舉例來說,它可能是你到海外讀大學,

從軍，或是結婚。有時候會有一些儀式來彰顯你的通過儀禮，或許是新生訓練、新兵訓練或是婚禮。圓形的最頂端是你的預設位置；此時你通常會觸發接下來發生的事：可能是你的直覺、對人生感到乏味、自我認識，可以是任何事。以我來說，是成為創意的媒介。

2. 你不需要現在就畫出一個圓形，填入每個階段的內容。你不需要現在就按照時序列出各個階段，只要寫下你想到的點子就好。假如你的腦袋一片空白，可以參考本章稍早提到的克里斯多夫・佛格勒的十二個階段，或許可以讓你想出旅程的某些關鍵元素。此外，你可以想想，有沒有任何原型能代表你，像是魔術師、照顧者、探索者，它可能會影響你如何描述你的旅程。

3. 當你離開舒適圈，是否有任何陰影冒出來。踏上旅程後，當你開始遇到挑戰，會產生哪些情緒？如何克服那些情緒？旅程的中間部分很可能是痛苦的，至少是充滿了冒險，而且有可能迫使你面對自己某部分的陰影性格（以我為例，是工作過度並感到忿恨）。然後自問，離開那個階段之後，你有什麼感覺？有成就感嗎？看待自己與世界的方式轉變了？假如你還是卡關，試著把人生寫成一個童話故事。從「很久很久以前……」開始，然後盡量保持客觀

與誠實，可能會突然領悟一些令你意外的發現。

4. 找出相同的挫折，然後往回推。試著想出至少兩、三個重要的人生經歷，然後向後退一步，自問，「我能從過去的模式學到什麼？」當我們覺得自己沒有從過去的經驗學到東西，往往會對自己感到失望。從那個挫折感往回推，是什麼樣的陰影或情緒，刺激你陷入這個模式？是嫉妒、害怕、尋求冒險、完美主義，還是必須與眾不同的叛逆形象，或是用笑話轉移與分散焦點的丑角形象？

5. 畫一個圓形，把故事的各個階段按照自然發展的順序，填進空格。或許你會和我一樣，發現圓圈上有某些點是對立的。現在自問，你該如何用這張畫，幫助你了解自己未來的人生路徑。

喬瑟夫・坎伯說，「返家英雄面臨的第一個問題是，體驗過滿足靈魂的自我實現之後，把人生過去的喜悅與悲傷、平庸與駭人聽聞的吵鬧故事視為現實。」這是尋求刺激的人在回家之後，往往會再度出去冒險的原因之一。他們愛上了在外面的世界屠龍的亢奮感。

然而，在你的英雄旅程中，有可能是惡龍殺了你。如果你夠有智慧，你會變得謙卑，也會學到教訓。你會拍掉身上的塵

土,遵循日本格言,「跌倒七次,站起來八次。」你不是非贏不可。你只需要品嚐勝利的果實,因為旅程使你變得更睿智。假如你辦不到,有可能會發現自己一再重複看某一部電影,或是在離開舊的工作或伴侶後,抱怨新的工作、老闆或是伴侶。「改變」發生在你的處境與情境,真正的「轉變」發生在心理和靈性層面。

你的英雄旅程應該要在腦海與靈魂,烙下不可磨滅的印記,使你的改變是永恆的。反思過去的旅程讓你得到一張清楚的地圖,幫助你更有意識且更喜樂的規劃成年人生的下半場。

喬艾樂的英雄旅程

喬艾樂·卡爾頓(Joelle Calton)出生在加州三角洲的一個小鎮,這個小鎮的人口只有五百人,長年以務農維生,主要道路上只有一家雜貨店和一家酒吧。數十年來,這個小鎮盛產櫻桃和水蜜桃,居民生活貧困,缺乏發展的機會。喬艾樂和母親過著赤貧的生活,她在童年大多住在地下室、貨櫃屋,以及移民住宅。

喬艾樂的父親住在舊金山,過著光鮮亮麗的奢華生活,他成長於貧困的密蘇里州南部,靠著房地產發跡,擺脫了貧窮。

他讓四個孩子盡情體驗人生,尤其是讓他們受很好的教育。然而,喬艾樂的父母在她小時候離異。喬艾樂排行最小,她跟著媽媽住在小鎮,其餘的三個兄弟姊妹則跟爸爸住。這是她第一次知道必須自食其力,保持務實,才能生存下去,雖然她當時尚未清楚意識到這件事。

喬艾樂說,「我的英雄旅程並沒有戲劇性的轉折。並沒有一場龍捲風把我帶離堪薩斯州。沒有人給我的一枚戒指,或是一把光劍,為了救贖與使命進行最後的決戰。我的內心沒有任何一種熱情,把我推向好的選擇,或是遠離不好的選擇。」

喬艾樂的人生旅程緩慢且迂迴。由於自我懷疑,再加上覺得自己別無選擇,她在讀高中時輟學了。大學的求學過程斷斷續續,休學了四次。她在餐廳當了十五年的服務生,在這十五年間,她從大學畢業,完成了兩個博士學位,然後開始成為執業的心理醫生。

當她回顧過去的人生後發現,是一位意料之外的導師(她的父親在她成年後重新回到她的人生)的邀請,讓她的人生得以真正啟航。或許,這也是每個人都需要的:有那麼一個人,他看見了我們,幫助我們看見我們沒有看見的自己,邀請我們跨出去一小步,去追求不熟悉的東西,去成長。但這很少是某個時刻的頓悟促成的。從「想做」到「真正去做」,或許是一

念之間的事,但它是無數個微小時刻堆積而成的至高點。喬艾樂是這麼說的,「有人說,有一種死,是死於千刀萬剮,但我想,有一種成長,是千瘡百孔的傷醞釀而成的。」

她還說,

> 我從迂迴曲折的人生際遇,以及兩種看似毫不相干的職業看見,我倚靠相同的能力,引導我度過一生:試著了解每個人的處境,用直覺預期他們需要什麼,因為有機會能夠跟他們一起經歷、調整與洞察,而感到榮幸與變得謙卑。雖然我在 31 歲結束了端盤子的工作,即將在 56 歲卸下心理醫生的工作,但我知道,這些能力將會(也一定會)成為我下一段旅程不可或缺的一部分。

到了中年,喬艾樂終於覺得她開始看見更大的格局。她後來明白,服務生與心理醫生並沒有太大的差別。說到底,無論是慶祝結婚週年還是經歷痛苦的離婚,每個人都需要被關心、被看見、被了解。喬艾樂在 56 歲第一次結婚,第一次當繼母,她在新的角色應用的還是那些能力。

現在的喬艾樂覺得,她自食其力的能力與自信心,超越了小時候對自己的期待,因為她知道,人生經歷為她培養出了智慧與能力。

喬艾樂的英雄旅程

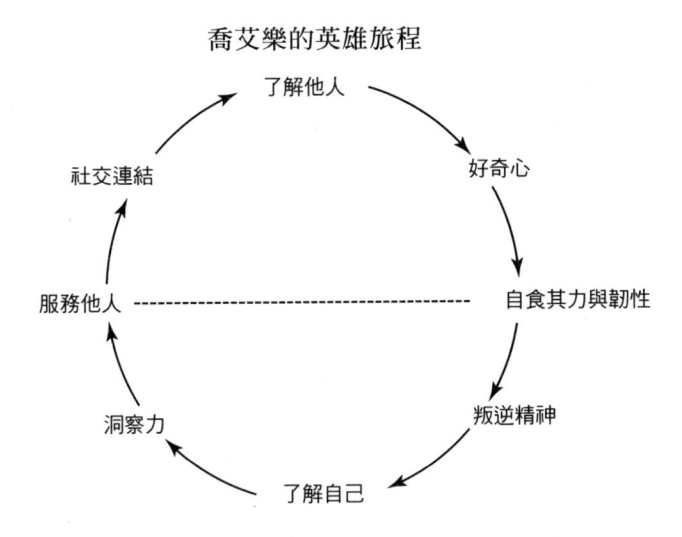

```
         了解他人
      ↗         ↘
   社交連結        好奇心
    ↑              ↓
  服務他人 -------- 自食其力與韌性
    ↑              ↓
   洞察力         叛逆精神
      ↖         ↙
         了解自己
```

　　喬艾樂年輕時對他人的深刻了解，成了她的故事的主軸線。雖然她在學校的表現不佳（她套用克里斯多夫・佛格勒的說法，稱為她的「苦難」），但她天生對人和世界有一種好奇心。她的人生經歷迫使她必須培養自立自強的能力與韌性，這代表當她聽從她的「冒險召喚」，通常是以叛逆的精神看自己。

　　這幫助她更了解自己，培養可用來服務他人的洞察力與智慧。此外，她是一個外向的人，她透過服務與他人產生連結，並與一群親近的朋友建立深厚的關係，這些都成為她的動力，把她帶到圓形的頂端。

你可以看出,和我的英雄旅程一樣,形成強烈反差的組合在這裡顯而易見。了解他人與了解自己、自食其力與韌性和服務他人形成了對比。

主導你的人生劇本

> 我們可以選擇如何說出自己的人生故事。我們並不是用不可塗改的麥克筆來寫,也不須要前後一致或精準無誤。我們隨時可以基於任何一個理由而修改故事,即使我們只是想讓自己心情好一點也行。畢竟,我們的人生故事有一個主要功能,那就是讓我們把痛苦的經歷留在過去,從其中取得養分,幫助我們在未來興盛發展。唯有到這個時候,我們才知道,自己的轉變已經完成。
>
> ——布魯斯・法勒(Bruce Feiler)

沒有人比你更適合寫你自己的人生故事,尤其在一片混亂的中年。或許你難以相信,但你比任何人更了解,是什麼把你帶到人生的這個點。或許你曾受過傷害,但在內心深處你知道,那些傷痕裡蘊藏著智慧。你只要找出故事的主題,看出一個行動如何引導出下一個行動。你的故事可以幫助我了解我的

故事，因為全人類的人生主題有許多共通之處。

最重要的是，好的故事敘述有一個共同要素，那就是對故事與劇中人物的熱愛。但願當你進入中年時，你也愛上了你自己的故事，以及當中的人物，包括你自己。至少，你會更了解每個人物的小缺點與小失誤，這份了解使你不會輕看那些小缺憾，而是生出同理心。

8
我學會改編我的人生劇本

當你拋棄包袱,這趟路途才變為旅程。

經歷中年有點像是蛇換皮的過程。人長大之後,舊衣服就穿不下了。蛇的身體會長大,但牠的皮不會跟著長大。因此,蛇會長出一層較鬆的新皮,把舊的皮連同寄生在舊皮上的有害寄生蟲拋棄。哲學家尼采(Friedrich Nietzsche)在《黎明》(*The Dawn*)寫道,「不脫皮的蛇必會死去」。透過本章你會明白,如果你進行我稱為「中年大改編」的儀式,更可能會產生這種轉變。

你準備好要進行中年蛻皮了嗎?要把舊的皮(我們展示給世界看的面貌)脫下,並非易事。畢竟,我們的一生和身分認同是由一拖拉庫的名片構築而成。我們向許多人承諾,而他們指望我們不要改變,一丁點兒的改變都不要。因為假如我們改

變了,他們也必須跟著改變。當我們遇到充滿挑戰的時期,就需要改變我們的環境,與同樣也準備要經歷下一個人生階段的一群人為伴,給我們脫去舊皮的勇氣。

失望 = 期待 – 現實

到了中年,我們逐漸接受一個事實:這輩子不會當美國總統,或是到世界上的每個國家旅行,或是贏得一座葛來美音樂獎(Grammy)。我們意識到,配偶可能不是完美的靈魂伴侶、孩子不會去上常春藤大學、存款數字比我們期待的少了好幾個零,或是永遠不會有 2.5 萬個 IG 粉絲。不過也在這個時候,我們看穿了這些渴望的真相:它們不過是自己年輕時代的幻想。以我來說,我覺悟到我這輩子不可能去爬聖母峰,而那是我很久以前的夢想。我接受了現實。

年輕時的期待與現實人生的落差,可能會刺激剛進入中年的我們開始深思。與此同時,我們也終於可以擺脫那些期待的沈重負擔,不再被失望的情緒影響,得到內心的平靜。

社會學的證據指出,年輕人會一再且明顯的高估自己在五年後的滿足感,而年齡較長的人會低估自己在未來的滿足感。研究者發現,我們在中年時期的滿足感不斷下降(也就是 U 形

曲線），但我們的期待值也開始下降。實情是，我們的期待值往往降得比滿足感更快。最後，我們的期待值會來到更符合現實的水準，而現實情況開始超越期待。這個情況會在我們五十多歲的時候發生，這也是我們的滿足感開始上升的原因之一。

那麼，當你剛進入希望破滅的時期，要如何自處？你可以問問自己，「我的感受是挫折，或是失望？」如果你感到失望（disappointed），那代表大勢已去，你的戰役已經結束，而挫折（frustrated）代表我們認為自己還在奮戰。假如你感到挫折（而不是失望），你可以運用這股力量改變現狀。

當你感到失望，你有兩個選項：改善現實情況或是降低你的期待。假如你無法改善現實情況，那麼你唯一的選擇就是降低期待。許多人覺得這一點很難辦到。我們認為，期待是驅動抱負與成功的動力，因此，降低這個動力感覺起來很像是，我們開始走上習得性無助（learned helplessness）這條路。於是我們拼死掙扎，以挫折感為動力，想要改變現況。

其實，應對失望有一個更好的方法，那就是分辨什麼是期待、什麼是盼望。我們相信某件事在將來會發生，那是期待。而盼望是一種積極樂觀的心態，或是希望某件事會發生。盼望是永恆的，而期待通常是短暫的幻想。

另一個需要留意的陷阱是：過度高估你應得的權利。當事

實令我們失望,我們會說,「該死,那是我應得的,為什麼被人偷走了?」無論你的事業因為疫情遭到重創,或是你戀愛對象提出分手,過度高估你應得的權利只會拉高你的期待,導致更大的失望。

我們歡喜的迎接更長的預期壽命(活得更久),與此同時,也要謹慎對待人生的期望(對生活方式的渴望)。哲學家塞內卡在《論生命之短暫》(On the Shortness of Life)寫道,「生活最大的阻礙是期待,期待使我們受制於明天,失去了今天⋯⋯。我們的未來無法確定:活在當下吧。」

拋下舊的身分認同,創造新的身分認同

對許多人來說,我們對中年的期待與職業有關。或許我們還沒有達到自己預設的職涯位階,或是覺得每年加入公司的二十多歲年輕同事來勢洶洶,感到備受威脅(我們的年紀愈來愈大,但新來的人永遠是二十多歲)。又或許對我們來說,工作代表我們得到最少的激勵,卻要創造最多的成果。

有比「我的工作等於我」更能代表美式思維的座右銘嗎(無論有沒有說出來)?至少在我身上,這個被普遍接受的觀念,在我的大半輩子決定了我如何看自己。數十年來,若有人

問我好不好,我會立刻談起公司的狀況。我永遠忘不了,有一次我的朋友馮達打斷我的話,並對我說,「等等,奇普,我是在問『你』好不好?」

這個問題有可能很難回答,不只是因為我們的職業身分像強力膠一樣,緊緊黏在我們身上,也因為我們有太多角色要扮演:父母、兒女、配偶、同事、夥伴、公民。我是單數,也是多數。因此,現在或許是時候開始思考,除了電子郵件上的簽名,你還有多少個身分。

幸好,當我們到了中年,通常會開始從明智客觀的角度,但願還帶著少許的幽默感,來看我們的職業生涯(和我們的自我)。我們開始發現,就連用來描述工作的詞彙都非常黑暗。我們有「終止日期」。裁員被稱為工作遭「終止」。我們要「殺時間」。我們若有好表現,別人會說我們「做得好」。我們的顧客是「目標市場」。我們「忙死了」。occupation 可以指「職業」,也可以指鄰國的「軍事佔領」。我們開始自問,自己當初到底為了什麼而「奮戰」。

美式足球傳奇人物艾倫・泰勒(Aaron Taylor)是現代長老學院的學員,對他來說,職業是他的救生索。

人生失控的青少年若要找到人生的出路,打美式足球可能是最後一招。艾倫和母親相依為命,經常搬家,因此,艾倫的

童年充滿了變動因素。直到他成為美國最有名的高中美式足球教練的子弟兵，人生才開始有條理結構，他才開始對自己產生自信。再來他就讀聖母大學（Notre Dame），進入大學美式足球名人堂。後來成為國家美式足球聯盟（NFL）選秀的首輪新秀，在為綠灣包裝工隊（Green Bay Packers）效力時，得到了超級盃冠軍戒指。多麼不凡的人生，對嗎？

你可能可以猜出，故事接下來如何發展。當他28歲時，一連串的傷勢迫使他在巔峰時期退休。他曾是VIP，擁有名車豪宅，收入豐厚。理論上，他活出了美國夢。但遺憾的是，打從少年時期開始，他的身分認同就跟美式足球明星完全綁在一起。

職業運動生涯為艾倫的人生注入架構與紀律，幫助他功成名就。若沒有NFL，他退休後的人生將是一場災難，直到他醒悟過來，找到人生的意義。他比大多數人更早經歷中年轉型，不過，在年紀輕佔有優勢的職業類別通常是如此，像是職業運動員、時尚模特兒、紐約的廣告業高階主管，以及矽谷軟體工程師。

艾倫告訴我，

> 我必須做的第一件事，就是誠實面對自己的處境。我

必須接受自己的悲傷情緒，因為我失去了美式足球運動員的身分，也失去了豐厚的收入，這收入一直支撐著我脆弱的自我意識，並提升了我的社會地位。我覺得非常害怕、膽怯、缺乏安全感。在我成年以後，這是我第一次無法掌控我的身分認同。到最後，我找不到人生的意義和重要性，以及讓我有歸屬感的社群，這使我覺得自己輸了人生中最重要的比賽……從每個角度來說都是如此。

直到艾倫面對現實，正視自己的酒癮和毒癮，同時放下職業運動員的身分認同，他才得到重生。他拋棄了「堅定的表情」（那個面具一直讓他覺得不舒服），轉型成為大學美式足球比賽電視轉播分析員，同時積極宣導心理健康的重要性，與人坦誠的分享他的故事、人生智慧與脆弱。他再次成為眾人的榜樣。然而，假如他繼續渴求美式足球明星的身分認同，這一切就不會發生。

你不等於你的工作、存款數字或是名車；你也不等於你那條件傲人的配偶；你甚至不等於你的身體；你遠比那一切更好。中年是一個最佳時機，把戴了很久的面具脫下來。

讓「中年大改編」成為習慣

要跑中年這場馬拉松,最好不要有多餘的包袱。當然,說起來容易,做起來很難。

人生上半場的重點通常是增加與累積,不只是我們擁有的東西、朋友、戀情,還有我們蒐集的職業角色與頭銜,以及經歷過的失敗、懊悔、挑戰、錯過的機會,還有所有的人生故事和我們對自己說的故事。

這可能會形成沉重的負荷,帶著這負荷跑馬拉松,你可能到五十歲生日就累垮了。因此詩人大衛・懷特(David Whyte)說,中年的重點在於「徹底的簡化」。

那些出於迫切的需要來到現代長老學院的學員,都意識自己來到了該進行「中年大改編」的時候。他們整理超載的人生,找出對自己不再有益的部分:他們終於能夠拋下的人、事、物,或許是數十年來抓著不放的恩怨、用來逃避現實的飲酒習慣、對自己不再有益處的人際關係,或是不再能定義自己的身分認同。

對一些人來說,這個舉動是正視事實,承認自己一直按照別人的規劃活著,而腦海同時盤旋著大衛・伯恩(David Byrne)那句「你可能自問,我是如何來到這裡的?」。當你放

下這所有的包袱,你會感到無比的輕鬆與自由。

我們的人生上半場往往由「這個世界對我有什麼期待?」來定義。我們倚賴的運作系統是自我(ego),想透過別人的肯定來追求幸福。然而,當我們的學員在聖塔菲牧場院區待過一週之後,我最常聽到他們問的是,「我該如何一方面服務這個世界,一方面得到某些滿足感?」這個問題直指人生下半場的盼望:滿足感、好奇心與服務他人,我們倚賴的運作系統是心與靈。

現代長老學院的學員康妮・米凱利斯(Connie Michaelis)來自堪薩斯州,她熱愛廚藝,她把我們在中年進行的人生改編,比喻成濃縮的過程。她說,「無論你要做的是濃滑的焦糖醬,或是馬鈴薯泥的肉汁,都要花時間加熱與攪拌,不能蓋鍋蓋,才能成就完美的味道。人生的功課是學習拋下不重要的東西。讓那些東西揮發掉,然後品嚐最後剩下的濃厚美味醬汁。」康妮,你的描述讓我食指大動!

在現代長老學院為期一週的工作坊,頭一個二十四小時結束時,我們會集體進行一個儀式,你可以在家嘗試看看,也可以邀請一個朋友跟你一起做這個練習,因為當你向別人敞開自己的脆弱,效果會更強大。

心靈工作坊

　　首先，想想你人生的哪個部分卡關了，尤其是關於你對自己的期待。是什麼讓你睡不著覺？你覺得自己哪裡失敗了？哪些信念阻礙了你發揮所有的潛能與活得喜樂？你準備好要拋棄哪個習慣或環境？有哪個生活與思考方式過去很好用，但現在已不再適用？

　　拿一張便條紙，把你打算拋棄的思維、習慣與關係寫上去。把你打算除去的東西大聲念出來，然後找個安全的方式，把那張紙點火燒掉（丟在碗裡或是壁爐裡），看著那張紙化為灰燼（我再強調，一定要注意安全。我可不希望你的人生下半場付之一炬）。

　　接下來，再拿一張便條紙，把你打算加進人生的思維、習慣或關係寫上去，來取代你剛剛除去的部分。例如，假如你想除去的思維是「我學不好瑜珈」，你想用「我喜歡上完瑜珈課的感覺」來取代。或是你寫下「我接下來的職業發展絕對不可能像過去那麼成功」，然後用「我要用新的方式來衡量成功」取代。不要把這張紙燒掉，而是好好保存與經常重讀。它能指引你的未來。

　　你準備好要拋下哪些東西，來追求更美好的人生（下半場）？

哪些事該留意？哪些事該忽略？

本章用一位哲學家的智慧話語開場，現在用另一個哲學家的話語來結束。威廉・詹姆斯（William James）寫道，「擁有智慧的藝術在於，知道該忽略什麼。」當我們知道人生中什麼是應該修改的，就會得到極大的自由。其中一個好處是，我們可以清出空間，留給過去沒有注意的東西。

那些東西通常是一些不起眼的樂趣，它們被看似更急迫的目標、責任與待辦事項擠出去，不知不覺離我們的人生與注意力的中心位置愈來愈遠。伍迪・艾倫（Woody Allen）的電影《曼哈頓》（Manhattan）常被視為他獻給家鄉紐約市的讚美之作，故事生動描述了逐漸逼近的中年危機（主角是 42 歲的艾薩克・戴維斯〔Isaac Davis〕，他正在和 17 歲的翠西〔Tracy〕交往）。劇中有一幕戲，戴維斯想要找出值得為之活下去的事物，他列出一個清單，包括喜劇演員格魯喬・馬克斯（Groucho Marx）、爵士樂手路易斯・阿姆斯壯（Louis Armstrong），以及塞尚（Cézanne）畫筆下那些不可思議的蘋果和梨子。

人到中年，是時候重新找回我們對老電影、爵士樂、印象派畫家，以及其他美好事物的熱愛。假如我要列出我過去沒有注意的事物，答案可能包括：跟潔米（我的狗）在黃昏一起散

步、和兒子在家裡的棕櫚園玩捉迷藏、聆聽《失學的羅倫希爾》（The Miseducation of Lauryn Hill）專輯、在峇里島的稻田裡漫步、特柳賴德影展（Telluride Film Festival）、《美國心玫瑰情》中塑膠袋隨風迴旋飛舞的那一幕、泡澡時一邊看週日版《紐約時報》、一邊聽顏尼歐・莫利克奈（Ennio Morricone）的電影配樂、我媽媽煮的義大利麵。

當我們放下對自己不再有益的事物，往往會對新冒出來的東西感到驚奇，包括我們會開始欣賞自己這一生所愛的各樣事物。我們竟然把大部分的成年人生用來解決問題，或以消耗心力的方式辛勤努力，實在令人遺憾與驚訝。人生進入中年，你終於找到了時間和空間，停下腳步聞聞玫瑰的芬芳。如果你願意，甚至可以動手種幾株玫瑰花，這樣更好。

現在你已完成了中年大改編，什麼是你認為此生值得為之活下去的事物呢？

PART 4

職業人生

9
我歡喜的跳下人生跑步機

人到中年，我們已超越追求幸福，開始練習活得喜樂。

當我聽見 mantra（座右銘）這個字，通常會想成某個人在冥想時，在心裡重複默念來幫助自己保持專注的一個字或一句短語。其實，它源自兩個梵文字：man 指的是心智，tra 指的是「工具」或「手段」。因此，mantra 的字面意思是「心智的工具」。聽起來頗有一種解放感，對嗎？

不過，我們常在潛意識中，不斷複誦一些座右銘給自己聽的，這通常是出於習慣，而不是有意為之：那些在我們的腦海揮之不去的煩人聲音。那些座右銘或思維完全無法幫助我們放開思緒，尤其當它跟「追求」（pursuit，字面的意思是「帶著敵意追趕」）擺在一起。於是，這些座右銘或思維不但無法給我們自由，反而侷限了生活態度。

我們的人生上半場通常被四個座右銘或思維定義：

- 我等於我所做的事（成就）。
- 我等於別人口中的我（形象）。
- 我等於我擁有的東西（地位）。
- 我等於我掌控的東西（權力）。

你的成年人生上半場是否被這些思維定義？這幾個思維對於你如何活出自己的人生，其影響力的排序是什麼？

許多人到了中年開始意識到，這些座右銘其實會阻礙我們活出美好的人生。我們跳上想像中的跑步機，追逐這些座右銘，它們曾經對我們有幫助，但現在似乎對我們已經沒有價值，它們不再帶來喜樂。它們不是心智的工具，而是自我的工具，拉著我們偏離正軌，去追求別人的認可與肯定。不過，當我們到了中年，我們會開始重新思考，究竟是被大眾認識、成為知名人士比較重要，或是有真正關心我們的人對我們有深入了解更重要。

當我們從較小、較有限度的時間範圍來看事情，就不會在人生的跑步機上，朝著遙遠未來的某個目標衝刺，而是讓自己停下來，欣賞當下周遭的一切。我們也會開始進一步的思考，對於自己身邊最親的人，以及我們所屬的廣義社群，產生了哪

些影響。

假如你的新座右銘是心理學家愛利克‧艾瑞克森（Erik Erikson）所說「我等於我留給後人的東西」，那會如何？這種另類觀點會促使我們想對未來世代留下什麼樣的使命、遺風與影響？

> **心靈工作坊**
>
> 　　如果你在週末有一點自我省察的時間，可以試著想像，你拿到了你的人生分類帳簿：你是誰、你代表什麼、你曾幫助過誰、你撒下了什麼種子，以及你希望後人記得你什麼？把你想留給後人的東西，以及你在未來想用什麼方式把多一點的人生投資在這方面，列一張清單。

「成功主義」令人受苦

　　「消費主義」一詞已存在七十年，係指美國人「不要輸給別人」的一種渴望，藉由積累愈來愈多的物質商品達到目的。

　　現代社會依然充滿了這種對物質商品的執著追求，與此同時，我們還要與一種更新，而且可能更危險的執念作戰：「成功主義」，它指的是，不惜付出健康與尊嚴的代價，也要愈來愈成功。到了中年，大多數人會覺醒過來，意識到消費主義或

成功主義都無法帶來幸福,於是我們決定,要改寫自己的「成功劇本」。

幾乎所有的人在小時候,都收到了父母和家人、同儕與社群給我們的成功劇本,以及社會灌輸給我們的訊息。有些人忠於這個劇本裡的角色,精湛的表現足以得到奧斯卡獎。另一些人拒絕接受這個劇本,走自己的路。無論你屬於哪個陣營,都要趁著中年寫一本忠於自己的新劇本,不再讓別人當編劇或導演。

我這輩子大部分的時間沉迷於追求成功,因此,當我看見自己的成功劇本的陰暗面,我覺得深受啟發:

- ◆ 我為了維護人際關係,而有所犧牲。
- ◆ 我為了與商學院同學並駕齊驅,所承受的壓力。
- ◆ 我在成功時感受到短暫的亢奮,但是當我的注意力被其他目標吸引,這個亢奮感就消失了。
- ◆ 想要讓別人另眼看待的自戀欲望。
- ◆ 我覺得我的價值取決於我最近獲得的成就。

對於接受上述思維的人來說,成功就像是一條收費高速公路,讓我們可以避開經常塞車的平凡人生。然而,為了要走在這條高速公路上,我們必須付出代價:受教育的成本、工作時

數的機會成本,以及待在「享樂跑步機」上所承受的壓力,那個「享樂跑步機」會讓我們覺得自己已經「成功」了,無論我們對成功的定義是什麼。

這個跑步機非常誘人,但同時在騙人。當你在跑步機上,即使你的雙腿不斷的跑,你的人仍然停留在原處。你覺得你使出全力,或許你正在趕上短期目標,但是當你達到那些目標後,卻得不到你在尋求的狂喜感覺。於是你望向遠方的下一個目標,再次開始跑,你沒有停下來問問自己,你追求的到底是什麼。

假如你覺得這個感覺很熟悉,我誠心推薦你去讀田納西・威廉斯(Tennessee Williams)1947年刊登在《紐約時報》的文章「成功的災難」。威廉斯因為寫出《玻璃動物園》(*The Glass Menagerie*)一舉成名,三年之後他寫了這篇文章。威廉斯在文章中提到,突然爆紅使他失去了人性,只剩下對他人的尖酸刻薄和不信任。一次成功點燃了想要更成功的慾望,直到有一天,他發現自己獨自一人在豪華的旅館套房,用客房服務點餐,活得非常不快樂。這篇文章(至少有一部分)可以說明,近年來流行文化圈許多明星選擇輕生的原因(他們當中有許多人正值中年):羅賓・威廉斯(Robin Williams)、凱特・絲蓓(Kate Spade)、安東尼・波登(Anthony Bourdain)、瑪格・

基德（Margot Kidder）、大衛・福斯特・華萊士（David Foster Wallace）、艾美・懷絲（Amy Winehouse）。

大約到了中年，我們開始納悶自己為什麼在這條水泥高速公路上，然後選擇改走不收過路費且風光明媚的鄉間道路。我們發現，與其低著頭在跑步機上原地大步快跑，不如放慢步伐，把四周的景色盡收眼底。

作家大衛・布魯克斯說，到了中年，我們會發現自己的動力轉移到了第二座山。我們不再追逐閃閃發亮的新目標（令人稱羨的頭銜、地位崇高的獎項），而是更多的關注自己的品格塑造，以及周遭的人是否幸福。此時，我們就擺脫了成功主義的魔掌。

找到命定

艾琳・愛德華茲（Irene Edwards）是一位事業成功的菲律賓裔美國人，她在四十歲出頭時當上《日落》（*Sunset*）雜誌總編輯。這對她來說是美夢成真，她在 13 歲時曾參加校外教學，去參觀《浮華世界》（*Vanity Fair*）雜誌社的辦公室。她當時就決定，她將來要成為一位雜誌編輯。

於是她跳上跑步機，以最快的速度向前狂奔。暑期實習，

新聞學院，一畢業就開始工作，在美國最知名的幾家出版社得到歷練，步步高升。當她達成夢寐以求的職涯目標，也就是成為主流雜誌的總編輯，她發現自己被工作榨乾了。此時出版業也進入了寒冬。

艾琳正在帶領一個雜誌品牌，以及一個她深愛的團隊，公司要求她想辦法提高獲利，迫使她做出一些非常困難且痛苦的決定，包括最後把雜誌賣掉，這帶給她更大的內心震盪與心痛。事情結束時，艾琳知道，她在媒體業的事業已經走到盡頭，她花了三十多年精心打造且珍惜的身分認同，也是如此。

一直以來，她知道她犧牲了自己的健康，以及她與家人的關係，但她覺得自己別無選擇。她年紀輕輕就到紐約市討生活，在電影《穿著Prada的惡魔》(Devil Wears Prada)描述的廝殺激烈的時尚雜誌出版業求生存，成功主義是那個世界的準則。她在結婚與生兩個孩子之前，一直充滿了活力與動力，所以她在婚後心甘情願的為了追求卓越，鞠躬盡瘁。

就和其他在跑步機上奔跑很長一段時間的人一樣，當艾琳接近45歲時，她覺得自己的人生已經分崩離析。她仔細審視她為自己和別人帶來的傷害與失望，感到非常遺憾。她辛辛苦苦建立的事業已經結束，但她的人生遠遠不只有如此。

她人生的第一幕已經落幕，第二幕正等著她寫出來。因為

欠缺精心構思的故事線，所以她必須在過去悉心照顧的目標之外，找到使命與喜樂。過渡階段似乎沒有盡頭，事情的發展也不是一帆風順。她為該難過的事傷心落淚，也去接受專業的心理治療；她花了很多時間尋找徵兆。什麼徵兆？她當時毫無概念。她只能對未來的機會保持開放的態度。

後來，一個新的機會來敲門。她得到了一個在設計思考與創新顧問公司工作的機會，那裡全是聰明的年輕人，而且在哥本哈根。新的產業，沒有待過的城市與國家，新的語言，新的公寓，新的學校。一切都是新的。不過，她的家人當時需要一場冒險，於是他們全家人踏上了異鄉。

這個過程很辛苦。「我還記得，我們剛搬到哥本哈根的某一天早上，」她說，「我們的床墊放在地板上，我們睡在睡袋裡，公寓裡沒有任何家具，這和我們在加州精緻裝潢的家，天差地別。我兒子哭著入睡，因為他很想念以前的學校。我們只帶著幾個行李箱就來到這裡，我覺得很寂寞，也很想家。」

辛好，艾琳有一個好老公陪著她。艾琳在日常生活中覺得困難且陌生的事物，她的老公總能在其中看見美好、幽默的一面，即使到了異鄉，也是如此。於是他們全家人一起準備了一瓶熱可可和野餐食物，來一場冬日野餐，全家人一起騎腳踏車，探索那個城市。

疫情爆發時,他們待在家裡,建立了一套防疫日常作息:全家人早上一起在廚房做瑜珈,接下來各自在公寓的不同角落上課上班,晚餐吃暖胃又暖心的燉菜大餐。就許多方面而言,生活變得簡單多了。他們擁有的物品減少了,但他們擁有的超出了所需,最重要的是,他們全家人的心緊緊的靠在一起。

艾琳在這裡得到了內省的時間和空間,她第一個思考的是丹麥社會的價值觀。追求公眾利益,而非私人利益。她說,「對領導人有一種不言而喻的信任,相信他們謀求的是我們的利益。這些概念對美國人來說相當陌生。」

艾琳認為,她現在的人生是她的命定。她說,

> 鼓起勇氣把糟糕的中年人生徹底撕碎,相信它會被其他的事物取代。假如我能回到幾年前,當時的我正沮喪的坐在床上尋求徵兆,我很想給當時的自己一個小小的徵兆,告訴自己,一切都會很好。當然,我不可能真的這麼做,但或許我可以退而求其次,把我的故事說出來,期盼看到這個故事的人,會把它視為預示未來的徵兆。

相同的種子，不同的土壤

跳下跑步機並不是一次就能做到的事。很少人是在某天早上睡醒之後，突然決定不再在跑步機上奔跑。對大多數人而言，這是逐漸演變而成的結果。即使在中年，這樣的轉變也不是一眨眼就發生，而且我們需要親朋好友的支持，幫助我們慢慢過渡到新的人生。

有時候，為了讓花朵再次盛開，我們需要「換盆」，換到新的土壤裡。我把這個現象稱為「相同的種子，不同的土壤」。我們從職業生涯得到的許多知識與智慧的種子，可以栽種在新的環境裡。隨著年紀增長，我們愈來愈能分辨，哪一種土壤最適合這些種子生長。

到了中年，我們對於自己在某家公司、某個產業、某個職位或角色所累積的智慧，可能會有盲點。我們看不見那些盲點，因為它是經過長時間慢慢形成的。通常要等到我們把自己移植到新的土壤，才開始看見我們能把什麼樣的價值帶進這個新環境。

我剛加入 Airbnb、擔任共同創辦人暨執行長布萊恩‧切斯基的公司內部導師時，並不太清楚要如何向比我年輕 21 歲的布萊恩彙報，也沒有好好想過，在科技公司工作會是什麼樣

子。那裡所有的員工都是千禧世代,而在那之前,我一直在還沒有進入數位時代的精品旅館工作。

假如我要在這個新環境成功,就必須放下另類執行長、有遠見的領導人或是「舞台上的智者」這些角色,轉而成為「幕後的引導者」,那不是我熟悉的角色。當我進行「中年大改編」時,我必須把自我縮小到適當的大小,意識到媒體對 Airbnb 的報導不太可能會提到我的名字。我的成功取決於布萊恩的成功,我的角色是給予他工具,使他成為一流的領導人,而不是讓我自己成為一流的領導人。

除了要把我的身分認同從執行長,轉變成「在執行長耳邊說悄悄話的人」,我也需要確保 Airbnb 的土壤是適合我成長的。幸好,布萊恩擁有成長心態與無止境的好奇心,這一點跟我很像。此外,Airbnb 剛萌芽的使命導向企業文化,也跟我很合拍。

在這個職涯新篇章,最令我印象深刻的,是兩位創辦人在我上任幾個月之後對我說的話:「我們請你來是為了你的知識,但我們得到的是你的智慧。」原來,我視為理所當然的領導能力與 EQ,對於在一夜之間創造十億美元企業的千禧世代創業家來說,並不是那麼顯而易見。我跳下我自己的人生跑步機之後,成為了高潛力年輕創業家的領導力健身教練。

在這個變化愈來愈快的時代,掌握轉變的訣竅成了二十一世紀最重要的能力。我們不要被陌生的環境嚇到,以致於不敢探索未來。你可以把你的工作人生看成多個職業的組合,把你的種子同時栽種在不同的地方。

追求斜槓人生

　　在瑞典稱為自助餐,在夏威夷稱為拼盤。對你的職涯來說,它稱為斜槓人生。你不只為一個組織工作,而是同時做好幾份兼職工作,這個趨勢在疫情期間愈來愈強。提供中年全職員工階段性退休機會的跨國企業,數目在 2020～2022 年之間翻了兩倍以上。假如你認為多樣化可以為人生增添色彩,那麼你可以在 50 歲之後,用這種方式設計你的職業人生。

　　跳下跑步機不代表你要退休。它不代表你從此整天坐在客廳看電視、玩拼字遊戲,試著找一些稍微有意義的方式,打發漫漫長日。它也不代表你要放下你努力了大半輩子所累積的知識與能力。而是代表你要重新評估,你究竟要繼續追求二、三十歲階段鎖定的目標,還是要探索新的方式,為你學到的東西找到新的用途。

　　當你擺脫單一的全職工作,你可以用各種方法設計新的

斜槓人生。你可以成為顧問、教練、職業導師（professional mentor）、董事、重返校園的學生，或是同時選擇多個身分。許多嬰兒潮世代在職涯晚期搖身一變，成為創業家。根據人口普查局最新的年度商業調查（Annual Business Survey），美國有30%的企業負責人落在55～64歲之間，還有20%是落在65歲以上。哇，有誰會想到，有半數美國創業家的歲數超過55歲？

假如你想打造斜槓人生，可以參考下列建議：

1. **跟你的老闆聊聊**。了解一下你現在的老闆是否有意願提供半退休計畫。慢慢淡出現在的工作，使你有時間培養斜槓技能，同時還能有穩定的收入。
2. **成為顧問**。思考看看，你能否用你的專業能力，在業界開闢一條顧問之路（不過，假如你仍然是兼職員工，就需要留意不會與現在的雇主形成競爭關係）。或許你會意外的發現，有許多人想要知道你知道的所有事，尤其當你已經在某一個產業工作了十、二十，或三十年。
3. **跟隨你的熱情**。問問自己，你能不能靠著嗜好和興趣賺錢，像是當個攝影師、作家或是教練。當你擁有多重收入，就有機會每年透過這些工作賺得一、兩萬美元，作為斜槓人生的一部分。

4. **用你擁有的空間賺錢**。許多人住的房子可能有很多房間，或是擁有第二個房子。你或許可以考慮把那些多餘的空間租出去，成為房東或是民宿主人，增加一點收入。

寶拉・佩特羅（Paula Pretlow）擁有活躍且成功的職業生涯，她突破了非裔美國女性的玻璃天花板。她的母親是一位單親媽媽，在民權運動風起雲湧的 1960 年代後期，她決定讓五個孩子去讀奧克拉荷馬市的公立學校，向種族隔離挑戰。

寶拉倚靠她的聰明與能力，克服了不同（有時甚至是艱困）的環境。她以勇敢無畏的母親為榜樣，在女性非常少見、有色女性更少見的財務投資管理界，建立了成功的事業。她是一位單親媽媽，天生善於建立社群，除了辛勞的工作之外，她擁有充實的人生，直到有一天，她覺得自己被工作榨乾，精疲力竭。

她覺得自己需要轉換跑道，休息一段時間，思考下一個人生階段要做什麼。於是她在 55 歲的時候決定離開公司，此時她已經是公司的合夥人。她給公司將近一年的時間做準備，以便順利交接工作。就在她要離開公司的一個月前，她被診斷罹患一種非常嚴重而且快速惡化的乳癌。突然間，她迫切需要好好反思自己的人生。

後來，她進行了雙側乳房切除術，並接受實驗性藥物治療。病癒後的她決定不再回到企業界工作，而是展開斜槓人生，去做她最想做的事：運用她在企業學到的所有能力，幫助被忽略、未得到賞識的一群人改善生活。

現在，她在好幾個公家機構與私人企業擔任董事，包括一家名列財富 500 大的公司，以及好幾個全國性的慈善組織，其中一個組織的使命是，擴大美國城市的就業機會，另一個組織致力為美國和以色列的弱勢族群，滿足基本的生活所需。

寶拉說，「我創造了一個斜槓人生，使我有時間和家人相處，也滿足了我想讓世界變得更好的願望：把獨特的親身經驗，帶進企業與慈善組織的董事會。我覺得自己活得充滿活力，而且非常開心！」

科學研究指出，到了大約四、五十歲的時候，人的味覺會開始變遲鈍。或許我們需要多元事物的刺激，讓萎縮的味蕾重新活過來。斜槓人生或許可以讓你和工作的關係變得更有趣，同時體驗你從來不曾想像過的人生。

你能提供什麼？

作家亞瑟・布魯克斯（與大衛・布魯克斯沒有親戚關

係）說，

最善於統合與解釋複雜觀念的人（也就是最好的老師）通常超過65歲，有些人到了八十多歲還非常活躍。那些很有智慧的年長者應該是最好的老師，這個看法非常正確。無論我們的職業是什麼，當我們的年紀愈來愈大，我們可以嘗試用有意義的方式，與人分享我們的知識。

愈老愈有智慧的職業有哪些？教授？調解人？生命教練？作家、導遊、諮商師或治療師、顧問、照護者、宗教或靈性領袖、工作坊引導師？你可以繼續為這個清單加入其他的職業。

最近有一些研究指出，一般性的能力（尤其是與EQ有關的軟技能）比技術性能力使用年限更長。因此，你最大的天賦或許是，你在職場數十年來培養的社交能力，這種能力可以學，也可以運用，但沒辦法教。身為「現代長老」，你的「無形生產力」非常有價值：你不但能提供生產力，還能提高別人的生產力。

大衛・維斯寇（David Viscott）是精神科醫師，也是脫口秀主持人，他說，「人生的目的是發現你的天賦，人生的任務是發展你的天賦，人生的意義是把你的天賦奉獻出來。」

心靈工作坊

你可以找一個夥伴跟你一起進行下面這個練習。找一個安靜、不受干擾的地方,或許你可以先到大自然散散步,再做這個練習。

請你的夥伴問你這個問題,「你能提供什麼專長或才能?」你想到什麼、就說什麼,不要花太多時間思考。你的心胸愈敞開,就愈可能得到新的啟示。你的夥伴會向你道謝,請你做一、兩次深呼吸,然後拿同樣的問題再問你一次。你不能用同樣的答案來回答他。讓這個對話通道愈寬敞愈好,看看有什麼東西湧現。把這個問題重複問五次,看看能不能挖出一些你自己沒有意識到的長才。

我曾說過,我們年紀愈大,就愈善於整合。或許你的長才是把你的兩個身分或能力結合起來。同時兼具律師與科學家這兩種長才的人,或許不多見,但兼具兩種身分總比只有一種專長更能創造更多的價值。你可以試著找出兩種能力,融合成一種屬於你的獨特才能。你的能力不需要是頂尖的,找到兩種成為前 25% 的技能,比試圖在其中一項達到前 1% 更為容易。現代長老學院的學員道格拉斯・蔡提供了一個練習,幫助你找到你的能力組合。

> **心靈工作坊**
>
> 　　拿一張紙，撕成幾個長條，在每張長條紙上寫下你的一種長才（你比 75% 的人更優秀的能力）。不要對自己太嚴苛，你其實擁有很多才能。範圍要放寬一點，因為你或許把你輕易能用出來的某些能力視為理所當然，而不列入考慮。把所有的紙條放進一個帽子裡，每次抽出兩張，你覺得把這兩種能力結合起來是有趣的嗎？不斷重複這麼做，直到你找到有價值又罕見的能力組合。

留意「贏家的詛咒」

　　我們進入中年後，往往會覺得自己像是需要換一顆新電池的「成功機器」。我們已經習慣在自己的領域成為最頂尖的人，同時害怕嘗試新的事物，因為有誰想要在職涯的最後十年或二十年，以平庸的成績收尾？另外，假如我不拼命工作，我很怕我一直視而不見的情緒，會開始不斷湧現！

　　年老之後最痛苦的人，往往是事業成功的人，正是這個原因。但哈佛大學教授亞瑟・布魯克斯說，我們需要小心提防這種「贏家的詛咒」。想要永遠抓住成功，必然會失望與徒勞無

功，還會限制我們得到新的喜樂與個人成長。

當我們知道，不必按照別人對成功的定義，來過人生的下半場，我們會感到如釋重負，而且無比喜樂，這也代表我們真正展開了健康的中年人生。

跑步機或健身腳踏車是很棒的訓練器材。使用這些器材可以讓人更健康，同時給你一種錯覺，以為你正朝某個地方前進，這個錯覺對於把自己視為贏家的人，尤其重要。然而，當你到了中年，你發現周遭的景色並沒有改變。你或許以為你贏了比賽，但實情是，你只是被健身房裡汗流浹背的人或是會議室的其他人圍繞。現在是時候跳下跑步機，走到戶外享受陽光，並開始想像，假如你有多一點的餘裕，該如何規劃人生。這就是下一章的主題。

10
我開始體驗時間富裕

我有時間重新當個菜鳥。

我們驚奇的發現,孩子離開家自己獨立之後,我們有許多責任和義務就消失了。我們不再在事業的跑步機上狂奔,而是選擇給自己一個中年空檔年,或是離開都市,搬到鄉下,享受小鎮生活的單純喜悅。中年是一個機會,讓我們從忙著做事,轉變為只做自己。

當然,我們有時候也想要大喊,「我快要忙翻了,我再也受不了了!」年輕的時候,我們把忙碌視為加爾文式的美德:忙碌代表我們擁有豐富、充實的人生。但在中年,我們意識到忙碌是一種貧窮;它不只佔用我們的時間,還導致我們失去了發揮好奇心,以及與他人產生深度連結的機會,還有反省與沉思的能力。但這種時間貧窮是我們自找的,是我們的選擇造成

的結果。好消息是，我們也能變成時間富裕，第一步，我們可以放慢節奏。

如何放慢節奏？

我很晚才開始迷上播客節目。因為疫情的關係，我開始在我家附近的海邊、沙漠、農田和山上每天散步 2 萬步。我愛上了聽播客節目，因此當我散步的時候，有時會聽聽播客節目。不過，雖然有充裕的時間，但性急的我會想要快一點把一集節目聽完。我本來擔心，假如我用二倍速度聽，會來不及消化訊息，但有一個研究說，人類大腦每分鐘能接收與理解 210 個字，這相當於說話速度的兩倍。於是，我開始用兩倍速聽節目，學了很多東西，但與此同時，我卻覺得自己並未細細品味這件事。當我聽里奇‧羅爾（Rich Roll）、克莉絲塔‧提佩特（Krista Tippett）或萊恩‧霍利得（Ryan Holiday）的節目時，我會希望享受他們說的話。正如我最喜愛的兩位哲學家曾說，「除了匆匆忙忙，人生還可以有別的。」（據說是甘地〔Gandhi〕說的）和「假如我能讓時光倒流，那該有多好……」（雪兒〔Cher〕）。

隨著年齡增長，我們對時間的感覺也變了。畢竟，對一個

10歲孩子來說，一年相當於人生的10%，但對50歲的人來說，一年相當於人生的2%。研究者指出，我們根據自己記得的事件來衡量時間。我們記得的事件愈多，時間感覺起來會過得比較慢，但在我們年歲增加後，需要記得的新事物變少了，於是我們會覺得，人生似乎加速了。當時光的流逝不再用「第一次」標記（初吻、上學的第一天、全家人第一次去度假），時光就匆匆流逝，我們只是一再的重複沒有記憶點的日常活動。

把新奇的事物注入生活，會讓新的記憶變得突出。因此，讓時間變慢的最好方法，是重新做個菜鳥。

我剛進入青春期時，被哈里・查平（Harry Chapin）1974年的歌曲「搖籃裡的貓」（Cat's in the Cradle）深深打動。當我們年輕時，往往不去思考時間流逝的事，但這首歌提醒我：時間是我們最珍貴的資產，然而當我們發現時，往往為時已晚。或許正如民謠歌手吉姆・克羅斯（Jim Croce）說的，「當你找到你想做的事情的時候，你已經沒有足夠的時間去做那些事了。」

「搖籃裡的貓」的主角是一個父親，他永遠找不到時間陪他的兒子。這個兒子很渴望爸爸有時間陪他，但他同時渴望長大後變得跟爸爸一樣。最後，當這男孩從大學畢業時，父親希望與兒子度過優質時光，但兒子已經太忙了。最後，已經退休的父親在跟兒子通完電話之後心想，「當我掛上電話時，我發

現,他已經長成像我一樣的人。我的兒子就和我一樣。」

長大之後我們開始發現,稀有的東西最有價值。當我們進入中年後,時間成了我們最稀少的資產。時間是一種無法再生的資源。當你花了一塊錢,你可以再賺回來。但假如你浪費了一天、一年或十年,你拿不回那些時光。好消息是,當我們到了中年,我們有能力主導我們的生活,來保護那寶貴的資源。

知道你自己想做什麼

根據心理學家愛利克・艾瑞克森的心理發展理論,心理發展的第七階段是傳承創新與遲滯不前。「傳承創新」的定義是,「用行動促進年輕世代的福祉的傾向與意願,確保物種能長久存續」。在這個階段(我們進入中年),人們會致力創造新事物、培養他人、為社群做出貢獻,或是做出其他的正向改變。

我們在中年得到的多出來的時間,會激發我們傳承創新,或是導致我們遲滯不前。我的大學同學黛安・弗林(Diane Flynn)永遠不會遲滯不前。她是一個成功的領導者,在企業界工作了十六年之後,辭職成為家庭主婦,照顧她的三個孩子。當她 50 歲時,她準備好要重返職場,回歸全職工作,卻在此時罹患乳癌。

她有好幾個月的時間待在沙發上休養身體，因此有充裕的時間自我反省。她仔細思考，哪些事能帶給她活力，哪些事會消耗她的活力，她一直在做這個練習。過去十年來，她得到了一個對她很有幫助的人生座右銘：「我與我尊敬的人一起投入創造性的合作，致力改變人們的生活與建立社群。」她遇到的每個機會，都要通過這個座右銘的檢驗。她說，「知道你想做什麼，而不只是知道你能做什麼，能賦予你力量，找到人生的目的。」

　　當三個孩子中的兩個離家去上大學後，黛安擁有更多自己的時間了。她用人生的黃金十年，在孩子的學校和當地的兒童醫院當義工，同時在非營利組織擔任董事。這些經驗有利於她重返職場，也使她成為其他空巢媽媽的榜樣，這些母親擁有出色的才華與大量的空閒時間，但缺乏重新規劃職業生涯的信心。

　　黛安創立了 ReBoot Accel 計畫，幫助中年女性培養重返職場必備的成長心態。在這個過程中，黛安發現自己熱愛成為演講者、老師、教練與引導者，若沒有這些多出來的時間，她絕對不會發現這件事。

　　黛安說，

我覺得，我們在這個世界的人生是倒過來活的。孩子還小的時候，我們為了工作忙得像狗一樣，疲於奔命，沒有多餘的精力可以放鬆休息和享受樂趣。然後，當我們面臨空巢時，也到了退休年齡。對我來說，50歲之後（以及孩子離家之後）的人生，是我一生中最自由自在、活力充沛的時候。我有無限的時間可以思考、工作、玩樂，以及享受自己所做的事。我希望所有的女性能待在家陪伴家人，然後，在我們擁有更多的智慧和時間的時候，重返職場。

我一直是阿圖‧葛文德（Atul Gawande）醫師的粉絲。他是一位傑出的外科醫生、哈佛大學教授、人道主義者，以及健康照護專家。他寫了紐約時報暢銷書《凝視死亡》（*Being Mortal*），也曾向史丹佛大學畢業生演講。他在演說時用鮑伯‧瓦賀特（Bob Wachter）的話給年輕人忠告，「在40歲之前對每件事說 yes……在40歲之後對每件事說 no。」

我能理解這句話的邏輯：趁年輕的時候多多嘗試新事物，因為你不知道什麼是真正重要或激勵你的事物。這個邏輯有它的道理，但我也相信，我們在中年之後，注定要一次又一次做個菜鳥。

自從電視製作人珊達・萊梅斯（Shonda Rhimes）在幾年前寫了《這一年，我只說 YES》（*Year of Yes*）之後，全世界開始流行選擇接受每件事。我喜歡其中蘊含的好奇心與開放性，但我也在思索，分辨力在這種思維中扮演的角色。當我們年輕時，我們還在體驗這個世界，對更多的選擇說 yes 對我們有很多好處。當我們在 40 歲之後說 yes，就需要加上驚歎號：YES! 因為我們知道，我們剩下的時間有限。

當你在 40 歲之後說 YES!，你擁抱的是什麼？

學習再一次當個菜鳥

千萬不要隨隨便便邀請我參加雞尾酒派對！因為我常常會提出一些不識相的問題，像是「你現在是哪方面的菜鳥？」這是一句相當大膽的開場白，也是一扇美好的窗子，帶我們看見自己可以如何在中年之後，藉由不斷學習讓人生升級。不過，被我問到的人通常會用詫異的眼神看著我，然後朝著酒吧走去。

《學以自用》（*Beginners*）的作者湯姆・范德比爾特（Tom Vanderbilt）說，隨著年齡增長，我們有機會從「知道那個」（人生的事實），轉變為「知道如何」（人生的體驗）。有太多人為

了「那個」放棄了「如何」,因為學習如何做從來沒做過的事,可能會隨著我們年紀增長而變得愈來愈可怕。沒人想被別人看成白痴。

現代長老學院有一項最棒的學習,就是明白一件事:在其他成人新手當中,以菜鳥之姿「做得很糟」的社會價值。說到底,當你是一群新手當中的菜鳥,做得「很糟」只是讓你顯得很平凡,使你能開心學習,培養新能力。

現代長老學院共同創辦人克莉絲汀・史佩伯同時也是我們的體驗長,她把上述學習稱為「第二型樂趣」,你剛開始做的時候,會覺得很害怕,但是當你完成後,會得到一種開心的成就感。這就是克莉絲汀把多樣性的活動融入為期一週的工作坊的原因。工作坊的某些學員剛聽到這些活動時,可能會很害怕:做麵包比賽、集體即興創作、堆疊石頭遊戲、馬術輔助學習、衝浪和瑜珈(不是同時進行)。

幼兒學走路的時候並不會忸忸怩怩。但是當我們長大後,自我評斷(self-judgment)與自我保存(ego-preservation)奪走了我們成為初學者的各種機會。要學習新事物並不容易,尤其在中年的時候。當然,終身學習的原因之一,是讓我們的大腦突觸保持活躍,但真正的價值在於,嘗試新事物得到的樂趣。

在中年做個菜鳥,不只是為了變得更聰明,或是更擅長做

某件事，而是為了以新的眼光看待人生。當我們成為菜鳥，就能重新使用與發現我們在任何年紀都能培養的天賦。跨出這一步可以讓我們在最需要信心的時候，產生自信心。它能使時光倒流。我們有機會再次成熟。

克里斯‧默奇森（Chris Murchison）有成功人士的外在形象，但他的心中一直有一個聲音告訴他，他還不夠好。他是一個黑人，從小就知道自己是同性戀，但他在所有人歧視同性戀的軍眷社區長大，因此，他的自我認知有一種匱乏感。多年來，他有矯枉過正與完美主義的傾向，直到他在中年時期意識到，他再也不想這樣過日子了。

於是，他開始刻意嘗試一些新的事物。這成了他得到轉化性成長的方法：他為公司執行令他非常痛苦的裁員計畫之後，他給了自己六週的休假；辭去十一年的工作，去開發內在的藝術天分；學做麵包；學打太鼓；最近，他從舊金山搬到地球另一端的倫敦居住，開始學習拼貼藝術。他熱愛成為菜鳥。

克里斯一談起自己的菜鳥體驗，立刻顯得神采飛揚。「旅行、麵包、太鼓、拼貼畫，這些東西的共同點是心流。當我全心投入這些活動，我對時間的感覺起了變化，我覺得我可以全神貫注，時間變慢、變遼闊了，我沉迷在每個細節裡，對這些全新的美妙感受深深著迷。這實在太奇妙了。」他承認，他還

是會遇到挑戰、恐懼與失敗，但他說，學習的過程（擴張自己的過程）使他變得更有自信。他終於找到方法，知道自己其實已經夠好了。

當我們進入心流狀態，時間感會消失。在那些特殊而短暫的時刻，我們的時間感消失了，或許正因為如此，我們的心理與生理時鐘彷彿也靜止了。透過學習新事物防止我們覺得自己一成不變，這是其中一個方法。

在電影《美國心玫瑰情》的結尾，主角說了一句耐人尋味的台詞，道出在中年做個菜鳥的價值，「當你依然有能力讓自己驚奇，是一件很棒的事。」這句話切切呼喚我們要採取行動，催促我們覺醒過來，看見周遭事物的神奇美好之處，更重要的是，看見我們內心的神奇與美好。

你在去年初次探索了哪些嗜好、技能或主題？假如你下定決心，餘生要不斷的成為不同領域的菜鳥，那會如何？

你希望留下什麼？

娛樂（Recreation）與再創造（Re-creation）並不相斥，但後者是人生的精華。它是一杯調合了好奇心與智慧的雞尾酒，杯緣以新鮮的菜鳥思維、創造力與服務精神為點綴。退休是退隱

到與世隔絕的狀態,而再創造是再生,再次成為新的。到了中年,我們開始思索,要如何度過黃金歲月。愈來愈少人會選擇住在緊鄰高爾夫球場的退休人士社區。

蘇珊・沃金斯(Suzanne Watkins)知道,她將來不會住在高爾夫球場旁邊。蘇珊是一位養育兩個孩子的單親媽媽,有很長一段時間,她窩在辦公隔間裡,做她不喜歡的工作。她知道她想要重新創造自己,但她沒有時間、精力,也不覺得自己有那種自由。當她五十多歲時,兩個孩子離家獨立生活了,她終於能按下暫停鍵,後退一步,檢視自己排得密密麻麻的工作日程表,為了養家糊口,她同時兼職做三份低薪工作。她很想環遊世界,但沒有足夠的存款。然後,她突發奇想,她想當航空公司的國際線空服員,如此一來,她有薪水可領,在一個全新的行業從頭學起,最棒的是,她可以免費到全世界旅遊。於是她縮減開支,約莫在 60 歲生日時通過了空服員的訓練。她知道,人生迎來這樣的轉變,為她那兩個已經成年的孩子提供了一個榜樣:不論在什麼年紀,我們都能重新創造自己。

即使以最微不足道的方式,大多數人都想留下一些什麼給後人。你不需要某棟大樓以你命名。它可以是很小的事,像是你對他人產生的影響、照顧你養的狗,或是照管你家附近公園裡的花園。以蘇珊來說,她想成為兩個孩子的榜樣。我們在中

年必須問自己的問題是：我們留給後人的是傳承創新，還是遲滯不前？

下列五個問題能幫助你定義，你想留下什麼給後人。

1. 我留下的禮物主要是什麼人獲益？
2. 我要留下哪些不是那麼理所當然，但更有價值的禮物？
3. 我要如何思考、預備與提供這個禮物？
4. 在什麼時候把我留給後人的禮物變成一種儀式，會產生最大的效果？
5. 我為何要這麼做？這對我為什麼有意義？假如我是為了留名，那麼我就錯了。

假如你能在前人與後人的身上看見你的人生，你會知道你的人生只是人類故事的一部分。有一些很棒的電影闡述了這個主題，包括《辛德勒的名單》（Schindler's List）、《無我新生活》（My Life Without Me）、《風雲人物》（It's a Wonderful Life）和《可可夜總會》（Coco）。

當我們蒐集了時間的禮物，有一個最重要的問題要問自己：「我能如何服務他人？」這個問題在中年以後的人生格外有意義。身為營利組織的創辦人，我人生上半場的事業聚焦於投資報酬率（Return on Investment, ROI）。現在的我把人生下半

場聚焦在另一種 ROI：影響力漣漪（Ripples of Impact）。

當我們把一顆小石頭丟進池塘，水面會產生一圈圈向外擴散的漣漪。在人際關係裡，我們的情緒能產生正面或負面的漣漪。在企業界，我們制定的決策，包括如何打造企業文化、如何影響社群，以及如何領導，會向世界傳送能量，而這個能量會產生正面或負面的漣漪。我們如何運用我們的時間，也會產生同樣的效應。選擇權掌握在我們手上。

> **心靈工作坊**
>
> 你在世上活到現在，你的漣漪是什麼？你會如何在這個世界散播這個漣漪？

PART 5

靈性人生

11
我找到了我的靈魂

人生的旅程先是橫向前進，然後垂直向上。

中午和中年有許多共同點。在清晨，我們的影子落在西邊。孩子對她的未來充滿夢想。到了傍晚，我們的影子落在東邊。老人為後代留下了禮物。但在中午，日正當中，我們的影子不見了，如同我們在中年可能會失去方向感。這是暫時性的現象，因為下午必然會來到，然而，我們的中年處境與情緒不像太陽的軌跡那般容易預測。

或許你正感受到有如中午的中年對你產生的影響力。或許你覺得有點迷失或卡關，彷彿失去了羅盤。或許你覺得，你花了太多精神支持其他人，並照顧他們的需求，結果卻忽略了你自己的需求。或許你覺得無聊的要命。或許你覺得，你對人生意義的提問，排不進寫得密密麻麻的日程表。或許你變得，你

比五年前的自己更喜歡獨處。或許你發現，自己成了一個內向的人。

這一切可能令人不知所措。但別發愁，你的人生已經安裝了一套新的作業系統，把你從自我的時代，升級到靈魂的階段。撕裂的感受可能會帶來狂喜。正因為如此，許多人到了中年會轉向內在：我們發現，我們的靈魂需要空間、獨處和安靜。又或許，需要空間、獨處和安靜的是我們自己，以便與我們的靈魂連結。

可以收留你的意識的修道院（也就是你的靈魂能喘一口氣的地方）在何處？

隨著年齡漸長，我們會自然的出於直覺，想要從社交圈退隱。「社交距離」迫使我們稍微開始「傾聽靈魂」，或許是疫情帶來的一件好事。在這個時候，你不再尋找答案，而是留意哪些提問正在激刺你，正視靈魂的拉力。

我知道，這可能不是你熟悉的語言。或許這是針對你的心的一種推力或拉力。假如這本書你已經讀到這裡，你會知道中年本來就缺乏共同的語言。少壯時期的覺醒是驚天動地、明確無誤，而且充滿了各種社會儀式，幫助我們鞏固我們的外在身分認同，而中年時期的覺醒是微妙的、內在的，而且缺乏社會儀式。

理查‧羅爾在《踏上生命的第二旅程》(Falling Upward)寫道,

> 有不同層面的許多證據顯示,人的一生有兩個主要任務。第一個任務是,建立一個堅固的「容器」或身分認同;第二個任務是,找到那個容器應該承裝的內容……。人生上半場與下半場的語言,使用的幾乎是截然不同的詞彙,只有經歷過那兩種人生的人,才會知道那些詞彙是什麼。

我稍早曾提到一個詞,叫作「中年期」,它是與青春期相對應的概念。或許在中年期,我們的內在作業系統從自我轉換到了靈魂,但沒有任何人給我們操作手冊,幫助我們順利度過這個轉換過程。嗯,這正是我寫這個中年宣言的原因:為了引導你走向你的靈魂。

中年期是放膽歲月

有人說,我們在人生上半場要致力形成健康的自我,在下半場要致力走向內心,放下自我。

當我們小的時候,我們的靈魂經常感到驚嘆,通常是對我

們周遭的人與大自然讚嘆不已。然後，當我們進入青春期，一種心理現象發生了。我們的自我在人生早期階段形成，宣告我們在世界上所處的位置，而它成了驅動我們的力量。我們乘著那個強大的作業系統，長驅直入成年期，有些人不斷加速，另一些人把車子換成更運動風、更年輕的款式。毫無疑問，當我們二十、三十、四十多歲的時候，是自我發光發熱的全盛時期。

有沒有可能，我們從 1965 年以來認定的「中年危機」，其實只是我們的作業系統為了進入人生下半場，所進行的徹底轉變？有沒有可能，青春期和中年期代表了自我的開頭與結尾？

人們常把中年以後的人生稱為「黃金歲月」，但那段時間也是「放膽歲月」，我們放膽把自我丟到一邊，讓靈魂接管我們的人生。

我用一個比喻，這就像是進入中年的我們，被要求從自排車換成手排車。此外，我們還被要求在雨天的舊金山斜坡路開這輛手排車，而且不能熄火。這可不容易！

幸好，當我們愈來愈熟悉新的開車方式，我們會發現，開手排車是一種手感很好，而且引人入勝的體驗。我們會覺得人與車之間、我們的靈魂與身體之間，有更深的連結。突然間，我們覺得前往目的地的旅程變得更自由，而且更加令人享受。

歡迎來到中年駕訓班，讓我們開始試駕你的靈魂吧。

站起來，展現你的靈魂

試駕靈魂聽起來有點嚇人，其實不然。你剛開始學開車時，會在停車場或鄉下的馬路練習，同樣的，你的靈魂會以不起眼、可控管但有意義的方式，發芽茁壯。

作家克萊麗莎・平蔻拉・埃思戴絲（Clarissa Pinkola Estés）一針見血道出精髓。她說，我們的任務並非解決全世界的問題，而是致力在我們觸手可及的範圍，做我們能做的事。當我們這麼做，就能激勵其他的人。她寫道，「在動盪不安的世界，最能撫慰人心、最有力的行動之一，就是站起來，展現你的靈魂。」這句話太有道理了，特別是在我們迷失方向的時候。閃閃發亮的靈魂具有無法被小看的感染力，尤其在黑暗時刻。你的勇氣會帶給我勇氣，當他人瞥見了我的靈魂，我的勇氣就會激發他的勇氣。當我們的靈魂動起來，會形成全球性的運動，點燃必要的催化劑，促使我們全部一起站出來。每個人都可以成為榜樣，即使我們以為沒有人在看。

靈魂需要意義作為養分。意義能以各種形式呈現，但最常見的形式是服務他人。透過服務他人，你會更清楚自己是誰，

以及你的能力到哪裡,因為引導你的是你的靈魂,而不是你的自我。

我在中年加入了衛理公會格萊德紀念教會(Glide Memorial Church)的董事會。格萊德紀念教會座落於舊金山田德隆區,主任牧師是塞西爾・威廉斯(Cecil Williams),他是一位支持民權運動的非裔美國人,致力於照顧窮人,在全世界贏得很好的名聲。我在二十多歲時加入這個教會,因為我的第一家旅館與格萊德紀念教會只隔了幾個街區。

格萊德教會非常有包容力,每個週日到教會聚會的人涵蓋了各種背景,我很喜歡這一點。從教堂傳出來的熱鬧歡樂的福音音樂非常吸引人,使格萊德教會成了一個觀光景點,而且它就在舊金山最大的旅館的對面。此外,塞西爾的講道也相當出名。

我以前擔任過許多非營利組織的董事,而我必須承認,我有時候是個沒有惡意的蠢蛋,總想證明自己是董事會裡最聰明的那個人,可能是因為我是董事會裡最年輕的人。我的自我展現欲望高到爆表。

但格萊德教會的董事會很特別。在格萊德教會,我依然是董事會裡最年輕的成員,但我注意到,其他的長者具有一種特別的品格,他們擔任董事不是為了展現自我。所有的董事都會固定去為領取免費午餐的人服務,那些人為了吃一頓飯,要在

街上排隊好幾個小時。當我開完董事會議,總是覺得生氣蓬勃、神清氣爽,不執著於檢討自己的表現好不好,我很喜歡這種感覺。

漸漸的,塞西爾開始請我在主日跟他一起上台,「高舉奉獻」,也就是鼓勵會眾在傳遞奉獻籃的時候踴躍奉獻。當然,這個任務有點嚇人,因為我必須對著一千個人講話。但是當塞西爾和他的妻子珍恩提醒我,「重點並不是你,奇普,讓格萊德獲益的是你的故事。」怯場的感覺立刻一掃而空。當我抓到訣竅之後,我發現這件事有淨化心靈的效果,尤其在我的人生最黑暗的時期。我想塞西爾也知道,所以他每年會邀請我去主持奉獻活動好幾次。

在我五十歲出頭時,我的董事任期即將屆滿。教會的一位牧師寄了一封電子郵件給我,他說,塞西爾希望我在那個週日分享我的故事。我理所當然的認為,塞西爾要我做的是主持奉獻活動。我答應了,沒有多想這件事。那天早上,我在兩堂聚會的第一堂聚會開始的十分鐘之前,抵達教會,我遇到塞西爾,他對我說,「你對於今天要上台講道有什麼感覺?」等一下,我不知道他是要我上台講道!!

假如你要在格萊德教會講道,你不僅要講道二十分鐘,講兩次,還要兩堂聚會都在台上坐在塞西爾的旁邊,這代表我沒

有時間躲在廁所裡，寫我的第一篇講稿。我對塞西爾說，我不知道我在台上要說什麼，他只是重述他多年前告訴我的那句話「重點並不是你，奇普，讓格萊德獲益的是你的故事。」然後他又加了一句，「好好享受台上的時光。」

接下來的三十分鐘，我在台上坐在塞西爾的旁邊，心裡忐忑不安。我盯著彩繪玻璃窗，想起了一句話：「我們都是破碎的，唯有如此，光才能照進來。」我開始天人交戰，我的自我想要把事情做好，我的靈魂想讓光照進來。

當我兩手空空站上講台，沒有筆記，也沒有背誦好的內容，我感覺到，在塞西爾提供的「美樂植物肥料」（Miracle-Gro）的幫助之下，我的靈魂長得高過了我的自我。於是，我與會眾分享我的私人故事，不是以「台上的智者」的角色，而是以我本來的面貌示人：一個有缺陷而且不斷成長的人。

作家潔特‧普薩里斯（Jett Psaris）寫道，「自我並不是靈魂在人生戰場上的對手。當我們以靈魂為中心，自我只是反映出我們自然真實的樣貌。實情是，自我是處於未開發的原始狀態的靈魂。」

她寫道，自我與靈魂是一體兩面，就像煤炭與鑽石都是純粹的碳。但煤炭必須經歷巨大的轉變，經過高溫與高壓的淬煉，它的原子才會重新排列成為晶體結構，成為我們所知道的

鑽石。

她進一步用這個過程來比喻,當自我承受巨大的壓力,再加上中年人生經驗的引導,會轉化成一個美妙的新東西:靈魂……。因此,中年人生的作業系統會如何轉變,「取決於我們是否願意讓靈魂超越自我的結構。」

發人深省,不是嗎?自我與靈魂並不是互相敵對。潔特寫道,當我們「從自我身分認同的僵硬、可預測性與厚重得到釋放,就變得更輕盈、更透明、更有意識,因為我們逐漸明白,我們的靈魂是我們最真實、最重要的部分,潛藏在我們以為的自己之下。」

靈魂總會在這個階段找上我們

傑夫‧哈馬維與他的妻子瑞秋在北加州住了二十年,他們有兩個年幼的孩子,以及看似有意義的人生。他們一同經營一家顧問公司,專注在永續環保、社群開發與系統轉換:這是一家有使命的公司,在全世界有許多大客戶。他們能從工作找到意義,身邊也有他們所愛與欣賞的人。

然而,傑夫在 45 ～ 50 歲之間審視自己的人生,他發現有些事不太對勁。他覺得他和他的家人正在「奔跑是為了站定」

（running to stand still）（套用 U2 合唱團的歌名），並且需要「系統升級」。他和瑞秋擁有了傳統的美國夢所企求的一切，但維持現況的壓力一直緊追不捨。他們的夫妻關係與心理健康開始出現裂痕，最重要的是，他們費盡千辛萬苦才生出來的孩子，卻是由保母一手帶大。傑夫說，「我們的生活一點也不合理。」

很顯然，改變的時候到了。他們花了一年的時間進行巨大的改變，離開灣區，給自己放一個沒有任何規劃的假。他們決定開車往南走，因為傑夫聽說墨西哥的南下加州是衝浪天堂。

衝浪者常說，衝浪是一種靈性運動。其實，有一些書專門在談這個主題。對傑夫來說，投入大自然的懷抱，進入心流狀態，看著大型動物在大海悠遊，以及大型猛禽延著海岸線在天空翱翔，體驗劃破北加州早晨經常出現的雲朵與晨霧的史詩級「神之光」，這些加起來形成了一種靈性體驗。而且，他愛上了那裡的「衝浪家族」，一群同樣熱衷於練就乘風破浪技藝的人。

傑夫在大學讀的是宗教哲學，但他被更廣義的靈性世界吸引。他主要透過西方的觀點體驗靈性，然而他不信任的人與機構，影響了他在這方面的體驗。他年輕的時候接觸過猶太教與基督教聖公會，這些信仰附帶的無數教條與儀式，讓他滿腹疑惑。他喜歡自由思考，因此覺得那些信念系統的死板與矛盾，

與他的思考方式完全不相容。

來到南下加州之後,傑夫立刻被迫從一種截然不同的觀點看待靈性。南下加州的靈性與這個地方融為一體,完全沒有被制度化。大海、山脈、一望無際的天空、滿天的星星,以及純粹的大自然,使你別無選擇,崇敬之心油然而生。衝浪成了他的生活中最接近靈性的活動,他虔誠的遵行每週的衝浪儀式。

這種「野外靈性」是南下加州的日常。墨西哥文化裡充滿了魔法、薩滿元素,以及日常的生活靈性,這對傑夫來說非常陌生。受到南下加州吸引的外國人通常是探險家,他們樂於把自己的信念體系與做法,拼湊打造成自己的規格與版本。在四十多歲以前,傑夫對於神與宗教大師沒有太大的感覺,而南下加州是一個完美的地方,任憑他探索與想像自己的靈性。

傑夫剛來到現代長老學院時,他參加了仍在開發階段的雛型工作坊,他被冥想、瑜珈、正念練習嚇到了,但他很高興,這裡的社群與創辦人(克莉絲汀・史佩伯和我)對於現代長老學院的靈性原則與做法不抱持武斷的看法。

傑夫開始帶領一些工作坊,事實證明,他有一流的能力分享智慧,而不是教導智慧。他開始發現,衝浪、園藝,以及跟朋友一起做菜都可以算是正念練習。他開始明白,他的許多消遣與嗜好(不只是衝浪)也能成為他的宗教信仰,世俗也能變

為神聖。很快的,傑夫成了現代長老學院的第三位共同創辦人。

在頭一年,傑夫與現代長老學院的一個鄰居與職員,《敬畏》(Awe)的作者達契爾・克特納(Dacher Keltner),建立了親密的關係。克特納與他的團隊在二十六個國家進行了跨文化的數千次訪談,找出產生敬畏之心的八個途徑。這八個途徑根據哪個途徑最能讓人產生敬畏之心,排序如下:

1. 道德之美(良善、勇氣等)
2. 集體亢奮
3. 大自然
4. 音樂
5. 視覺設計
6. 靈性
7. 沉思生與死
8. 頓悟(重大的領悟)

這些研究結果令傑夫非常驚訝,因為這代表有許多途徑可以通往神聖。他說,「我的成年人生大部分的時間都在抗拒神聖的概念。最近我突然領悟,在這個滿載豐盛生命與美好事物的世界,信仰對我來說其實不是問題。假如我想相信,這世上

有比我更偉大的東西存在，我只需要睜開眼睛，看見世界的真實面貌即可。」

他還說，

> 我發現，令我糾結的概念是恩典。根據我個人的探索，恩典是明白你在神聖計畫中本來就佔有一席之地。思索我對這個概念的想法和感受之後，我認為，任何使我們與生命和自然界，以及與其他人和恩典融合的事物，其實是一個機會，讓我們與人建立關係，了解自己是那種神聖存在的一部分，以及感知自己的靈魂。

因此，我的好朋友傑夫找到了他的靈魂，即使他並沒有刻意尋找。對其他中年人來說，傑夫的故事並不是那麼不尋常。或許，我們的靈魂總是會在這個階段跑來找我們。

誰為你接生中年人生？

我想，你必須長大兩次。第一次的長大會自動發生。每個人從兒童期進入成年期。這個轉變發生的指標，是時間的流逝，以及當世界的重量壓過了世界的奇妙。你通常沒有選擇的機會。

> 然而,假如「重量壓過奇妙」代表我們第一次進入成年期,那麼第二次的長大就是重新發現世界的奇妙,儘管這世上有疾病、邪惡、恐懼、悲傷與痛苦——儘管有這一切。第二次的成長不會自動發生。它是一個選擇,而不是必然會發生的。你必須刻意走出去尋找、重視與保護它。
>
> ——魔術師內特・史坦尼弗斯(Magician Nate Staniforth)

到了中年,我們的品味變了,平衡感變了,聲音變洪亮了。我傾向於認為,這不只是第二個天性(nature),還是「第二次培育」(nurture),我們藉由與更深的東西連結,培育我們的靈魂。

中年是刻意創造的靈性重生。

我一直認為,成為助產士(midwife)(協助孕婦把寶貴的新生命帶到這個世界的人)必定是榮耀但辛勞的召喚。中年幾乎像是我們的第二次出生,但是,引導我們度過中年分娩的助產士在哪裡?

理查・羅爾指出,我們的中年助產士就在我們四周。他寫道,「靈性的助產士並不是在關鍵時刻被我們叫來接生的專家⋯⋯。就和真正的助產士一樣,她與生產者整個人密切合作,全程陪在旁邊⋯⋯。她在每個階段都給予支持,在「什麼

事也沒發生」的時候,與生產者一起等待。

我非常了解這個過程,因為我經歷過我人生中最黑暗的時刻。2009 年的某一個晚上,我往金門大橋的方向開車,打算從橋上一躍而下,就在那個時候,有兩位天使助產士在我的人生中出現。我在開車的時候打電話給我的朋友芳達,我對她說,我覺得自己被打敗了,已經完蛋了,她非常清楚我的人生已經分崩離析,一敗塗地。幸好,她的工作把她訓練成一位繆思和智者,她是助產的熟手。芳達長期陪伴臨終病人,這使她有能力協助人們度過中年發生的變化。我很高興,在我需要幫助的時候,有她陪著我。

我把車停下來,放聲痛哭,一邊聽我的助產士對我說話。芳達提醒我,人生為什麼值得我活下去。就在這個時候,我收聽的廣播節目神奇的播放了艾瑞莎・弗蘭克林(Aretha Franklin)演唱的《奇異恩典》(Amazing Grace)。我當下覺得,電影《風雲人物》裡,在男主角吉米・史都華(Jimmy Stewart)從橋上跳下來之後拯救了他的那位守護天使克拉倫斯(Clarence),是真實存在的。

我很高興,我能活著對你說,蝴蝶能從最黑暗的蝶蛹破繭而出。

心靈工作坊

當你的作業系統從自我轉換到靈魂的時候,誰在你的身旁陪著你?你要如何成為別人的助產士,協助他順利過渡到中年?

12
我覺得自己好像變完整了

> 我來這裡是為了做自己,所花的時間比我所想的長了很多。
> ──安·拉莫特(Anne Lamott)

在人生的上半場,我們的「自我」是片面的:工作時的我,跟在配偶與孩子面前的我,有不同的面貌。面對老朋友和剛認識的人,我們會呈現截然不同的自己。然而到了中年,當我們開始學習整合所有的自己,整體顯得比所有部分的總合更大。

許多有智慧的哲學家說,年歲增長的過程必定會顯露我們的內在美。也許,假如我們意識到(並接受),我們的內在美會隨著年歲增長,而散發愈來愈明亮的光采,那麼擔憂自己變老的人就會減少。我們會明白,中年的目的是仿效雕塑家米開朗基羅(Michelangelo),他把大衛從大理石裡釋放了出來。

是的,我們正在不斷變老,但我們同時也變得愈來愈完整。而且我們不只是個人變完整,還是更大整體的一分子。我們不再被社會的壓力與期待束縛,開始稍微能夠看見,年歲增長其實有出人意料的樂趣,同時感覺自己是某個更大整體的一部分。

或許,年歲增長是讓我們變得更有意識的一門課。在變得更有意識的過程中,我們更活在當下、與自己,以及周遭的所有人事物更加融合。我們彷彿大半輩子一直戴著眼罩。學習變完整的過程,就相當於把眼罩拿掉。

長大和變老是同一回事

我們會對一個 15 歲的人脫口而出,「天哪,你長大了!」但我們絕不會對一個 65 歲的人如此說。當然,我們也絕不會對一個 15 歲的人說,「哇,你變得比我上次見到你的時候更老了。」

長大和變老的分界線在哪裡? 25、45、65 歲?這個問題很難回答,因為它暗示你不能同時長大又變老。

我在舊金山灣區住了近四十年,我很了解高聳入雲的紅木,紅木是地球上長得最高的樹木。它能超過 120 公尺高,相

當於37層樓的摩天大樓。一般的紅木可以活五百～七百年，根據國家公園服務處的資料，有些紅杉可以活到2,000歲。此外，紅杉存在的時間比人類更久，它存在地球上的時間已經超過二‧四億年，這代表它曾經與恐龍同時存在。

我們有皺紋，樹有年輪。這些年輪不僅告訴我們樹木的年齡，還提供線索，告訴我們它經歷過的氣候條件，我們的皺紋也是如此。唯一的差別是，人們在增加皺紋的過程中不會長高，而樹木可以一邊長大、一邊變老。

在森林裡，養分通常會從最老的樹流向最年輕的樹那裡。一棵小樹的根若從森林的地下根系網絡隔絕，很可能會活不下去。當一棵樹即將死去，它會把碳留給旁邊的樹。這可以用來比喻，當我們年歲漸長，可以把知識與智慧留給更年輕的世代。

對於存在於自然界的老前輩，我們總是讚嘆其優雅與雄偉。當我們看見參天古木，我們會對它的美麗與「長老」（old growth）深深著迷。

假如我們把這種思維應用在年老的人身上，那會如何？假如我們看著他們（和我們自己），看見的是伴隨年老而來的優雅與美麗，那會如何？假如我們把他們的皺紋視為內在（心、靈性與靈魂）成長的證明，如同我們把樹的年輪視為成長的證

明,那會如何?你的內在有多少圈年輪?

不幸的是,當我們把「長老」應用在人身上,聽起來像是一種矛盾修辭。老人不會長大,他們只會走向死亡。不過,所有的生物都會死,大多數的動物和樹木會顯露牠們的年歲,就和人類一樣。

無論是對紅木還是人類,長大和變老並不相斥。在森林裡,生長來自再生,也就是落葉、老樹枝的腐爛再生。對人類來說,舊的觀念、身分認同,以及我們生命中任何需要重新想像的部分也需要再生,我們才能成長。生態系統要靠這種生與死的循環,才能保有鮮活的生命力。

因此,假如我們能意識到,身體不是衡量成長的唯一方法,就會明白我們的心與靈魂會一直學習與成長,直到嚥下最後一口氣的那一刻。那個時候我們才會明白,成長與變老可以是同義詞。

心靈工作坊

你能不能列出一張清單,指出你今天在哪些方面依然持續成長?當你完成這張清單後,寫下另一個清單,指出你希望你到了人生盡頭的時候,你在哪些方面依然在成長。

整全是通往聖潔之路

整全是一種我們與更偉大的事物相連結的感覺。變老的精髓在於變得完整,有時甚至是變得聖潔。

當我們變得完整,當我們整合了,我們會與大自然和諧一致。天主教神父理查・羅爾說,

> 你如何知道,你是否走在愈來愈完整、活出整全的路上?你會聽見和諧的聲音,而不是片面的自我發出的吵雜聲。你也會感受到更大整體的能量:在你之外的能量。你會體驗成為偉大使命的一小部分帶來的興奮感……。當我們記起自己的故事,就會活出整全的狀態,並透過這故事,體驗一個更深的感受,知道自己屬於更大整體的一部分。

當我們年歲增長,會重組自己。我們找到人生中的「麵包屑」,明白這些麵包屑如何帶領我們,走在通往整全與聖潔的路上:這條路讓我們得以見證某個比我們更大、更深刻的東西。

我一直很敬佩既是醫師又是科學家的菲爾・皮佐(Phil Pizzo)醫師。他的雙親是美國移民,他是家裡第一個上大學的

孩子。他的事業以照顧他人為核心,包括推動兒童癌症與愛滋病的研究進展,拯救更多生命;擔任史丹佛醫學院院長;創立我在第一章提到的史丹佛大學卓越職涯研究所。

他曾多次完成馬拉松比賽,每天慢跑16公里,每週利用跑步時間聽讀完一本有聲書。他是個叛逆的思想家,但以溫文爾雅、自謙的態度,悠遊於不同的世界。到了中年的晚期,他開始覺得,他需要把這些不同的世界整合起來。

他在77歲的時候宣布要去讀神學院,當一個猶太拉比,這個消息讓不少人大吃一驚,因為他從小就是一個羅馬天主教徒,直到幾年前才改信猶太教。就和許多進入晚年的人一樣,他看見了自己人生旅程的主軸線,也就是他一生都在照顧、治療他人,學習和探究,如同華麗的交響曲樂章一步步演奏出來,他一直在累積動能,朝著他的最高點前進。

他對於生理與靈性醫治、科學與宗教,以及教牧諮商與他的個人靈修之間的關聯,感到很好奇。有些人可能覺得,他這一步偏離了他過去的人生軌跡,但他認為,這一步整合了他全部的人生故事,而且他相信,自己還有很長的人生要過。

50歲的道格・利納姆(Doug Lynam)一生都在朝著整全(與聖潔)前進。他曾是英勇的海軍陸戰隊隊員,但他在年輕的時候決定改變人生方向,成為本篤會修士(Benedictine monk)。然

而,當他到了中年,修道院的種種規矩與限制令他感到窒息,甚至受到傷害,他覺得這些規定妨礙了他的靈性成長。他覺得,宗教社群的規定與框架對他的上半生很有幫助,但會阻礙他在下半生盡情擁抱智慧與自由。

為了尋找更大的意義與整合,道格進行一次信仰的跨越,離開他待了二十年的修道院,成為財務經理人,專注於環保與社會責任方面的投資。除了致力打造更公平、永續與更有參與性的經濟體,他還把他的靈修智慧注入慈悲,創立了一個靈性迷幻教會:一個獨立教會,融合多種信仰的敬拜,把安全的草本藥物使用納入宗教儀式。他現在幫助客戶、朋友與當地居民,以及他自己,踏上草本藥物醫治的旅程,這可能是人生中最奢侈的終極旅程。

在樹下與自己同在

很遺憾,大多數人通常只有到迫不得已的時候,才會走出舒適圈。詩人大衛・懷特(David Whyte)說,我們落後自己的轉型邊界曲線,落後了四、五年。

他還說,

人們唯有在人生重大的失落、失業或是其他創傷,把他們的故事打開破口的時候,才會來到生命的邊界。舊的故事已經無法繼續說下去。然而,長期遠離現實的他們遭到當下現況的重擊,使他們在與真正的處境接觸時,分崩離析。

　　不過,假如我們不要等到外在環境迫使我們離開舒適圈,就主動接近這個邊界,那會如何?

　　我在墨西哥和美國新墨西哥州遇過不少原住民,我從他們身上發現,他們不太執著於過去或未來,他們只關注現在。他們只對眼前的事物感興趣,包括七彩的天空和家人的情緒。他們沒有落後現在四、五年,而是活在當下。

　　很久以前,我請我最喜歡的薩滿巫師索爾給我建議,如何更活在當下,他說,「在樹下與當下的自己同在(find presence under a tree)」*。他是個猶太人薩滿巫師耶!我開玩笑回說,「我不知道你有在慶祝聖誕節——?」索爾對我的放肆報以微笑,但他知道我知道他在說什麼:在大自然的慰藉與美麗之中,有平靜安詳在等著我。我只需要抽出一點時間給它,坐著

---

* 譯注:作者此處以玩 presence 與 present 的諧音梗,Find presence under a tree 的意思是「在樹下找禮物」,意指聖誕節。

與它同在，放手並留意周遭發生的事。

　　我一直把索爾的話放在心上，尤其在我最抗拒那句話的時候。當我覺察我想跑更快、做更多、成為更多（be more）的強迫性衝動又出現，我要立刻在我的日程表排上「探索未知」的時間。我會在樹下靜坐，直到我的呼吸變慢，走路的步伐放緩，直到我到達我該去的地方，也就是全然的與當下的自己同在。我知道，唯有如此，我才能全然的與我的家人、朋友、所愛的人，以及所有進入我生命的人同在。

　　「同在」的相反是「不在」，它是一個現代才出現的情況，我們的心思完全被平板電腦和手機佔據。它也是我們最怕會發生的失智症與阿茲海默症導致的情況。每個人都想活得更健康、更長壽，但假如我們不活在當下，健康且長壽的人生有什麼意義？

心靈工作坊
　　你可以如何讓自己有更多時間活在當下？你能不能每天少花 30 分鐘滑手機，用那段時間到大自然裡，透過冥想、寫日記讓自己活在當下？

再次按下人生的播放鍵

有人說，要認識一個人，跟他一起玩一個小時，比跟他聊天一年更有用。這是至理名言。現代長老學院有不計其數的學員對我說，他們在工作坊這一個星期所經歷的轉變，比好幾年的心理治療帶來的改變更多。當我們與其他人在一起，讓我們的鏡像神經元一起玩樂和跳舞，體驗一個整全的自己，這件事有很深刻的價值。

社會學家艾彌爾・涂爾幹（Émile Durkheim）首創「集體亢奮」一詞，用來形容當人們的自我分隔感消失，被共享的喜樂取代的奇妙時刻。他寫道，「群聚這個動作本身是一種極為強大的刺激。當人們密集的聚在一起，身體會產生某種電力，使他們變得情緒高昂。」

我有五個朋友在進入中年後選擇輕生，而我的靈魂也經歷了最深的黑暗，這使我對於集體亢奮非常好奇。我成為火人祭的創始董事時，我體驗了一種整全的感覺。在內華達沙漠中的乾鹽湖，我見證了社群如何透過儀式與狂歡，促進所有人的全人健康。我在 50 歲的時候，人生充滿了不確定性，我把過去幾年讓我覺得生龍活虎的經驗條列出來，我發現當中有許多經驗涉及共享的喜樂。

於是,在我出售旅館,尚未受邀加入 Airbnb 之前,我決定給自己一個空檔年(我的中年中庭),全心全意探索共享的喜樂,在那一年當中,我到十六個國家參加了三十六個慶典。我這麼做,是因為我需要想起這個世界的美好,因為我看了太多充滿負能量的晚間新聞。我想要藉由體驗集體亢奮,感覺自己與這個世界融為一體。我那些比較務實的朋友覺得我瘋了,或是覺得我變成了派對咖,但我的意圖並沒有那麼膚淺。

我去參加印度的大壺節(Maha Kumbh Mela)這個號稱人類歷史上最大規模的朝聖集會,目睹數千萬名苦行印度人表達他們對神聖恆河的愛。我到一個西班牙的小村莊,參加有四百年歷史的跳嬰節(El Colacho),這是一個融合了天主教與異教的慶典,一整天會有人跳過嬰兒,來慶祝良善勝過邪惡。我參加潘普洛納(Pamplona)的奔牛節,差點被一頭牛撞到。我還挑戰華氏零下 30 度的低溫,欣賞中國哈爾濱國際冰雪節(Harbin International Ice and Snow Sculpture Festival)令人嘆為觀止的雪雕。我也曾到峇里島(Bali),研究當地村民生活中的各種通過儀禮。

無論是苦行或是美學,我一再體驗到群體的儀式無形卻打動人心的價值。這樣的體驗不僅使我覺得自己是更大整體的一分子,也使我覺得自己變得聖潔了。

中年：成為整全的時候

我們都渴求這種共享的喜樂。我們錯失了發現新事物與玩樂的感覺。無論是在修道院還是舞池，我們應該要在中年階段體驗一下，所有人在一起變得完整的感覺。

我們不是注定要在此生變得完美，但我們注定要在此生變得完整。或許你覺得，中年的你已經支離破碎了，但其實這是生命給你一個機會，（在家人與朋友的協助下）感受一下把自己一片片再次拼湊起來的成就感。你放心，不是只有你一個人這樣，你不需要在死寂的絕望中度過一生。

大多數的運動賽事在下半場會變得更有趣，到戲院看戲的觀眾，到了最後一幕會看得提心吊膽，直到一切真相大白，才鬆了一口氣。有沒有可能，我們人生也會活得愈老愈有意思？

後記

畫出新的中年地圖

要幾隻毛毛蟲才能做出一個蝶蛹？一隻。

或許，我們最好是一個人經歷可悲的中年危機（大笑）。

中年不是危機，而是十字路口。不過，不像我們過去走過的那些有路標、有維護的道路，中年人生沒有任何路標為我們指引前方的路。我真希望在四十多歲的時候，能看見「小心：前方有髮夾彎」的路標，或是在五十多歲時看見「減速慢行」的路標。更可能的情況是，人到了中年會覺得自己在大霧中開車，即使有路標，你還是看不見。我們大多數人倚賴減速丘或是各種處境（像是我得到癌症），來幫助我們放慢速度，找到人生方向。

作家薇多莉亞・拉巴姆（Victoria Labalme）寫道，

我們每個人會在人生的好幾個時間點，發現自己進入了「無可知曉的迷霧」，也就是路徑、計畫或是方案都看不清楚的轉變時期⋯⋯。我們應該要尊重與尊崇待在這個「中間地帶」（無論持續幾分鐘或是幾個月）的階段，它蘊藏了滿滿的希望。假如你能沉住氣，面對這片空白，不急著抓住最便利的出路，將會發現超出你期待與想像的東西。

我覺得我有責任重塑中年這個品牌，一部分是因為我有幾個朋友在中年選擇輕生，一部分是因為我自己也在中年經歷了靈魂的暗夜。我寫這本書，是想幫助人們移除困惑；幫助他們不把中年視為可怕或丟臉的事，而是把中年視為重新覺醒的機會。

我是為了像艾莉森・弗蘭柯林（Alison Franklin）這樣的人而寫的。我並不認識艾莉森，但她寫給我的電子郵件使我感動落淚。她說，在她小的時候，她的母親曾半開玩笑的警告她，「不要變老！」艾莉森本來就有一個似是而非的觀念：年輕是好的，不年輕是不好的。母親的這句話讓她的觀念有了正當性。她發誓要與母親和大自然的力量對抗：她絕不要變老。

艾莉森辦到了。數十年來，拜基因、努力和自律所賜，在

三十多歲和四十歲出頭的時候，她看起來比許多二十多歲的人更年輕。當她在 2019 年參加畢業二十年的大學同學會，她在心中悄悄稱讚自己是「最沒有變老的人」，並覺得心滿意足。艾莉森以最嚴苛的標準要求自己，她的年輕外貌是醫美注射、微晶磨皮、每天兩次高強度健身運動換來的。

艾莉森說，「當代價來臨的時候，我覺得彷彿晴天霹靂，但實際情況可能是逐漸惡化，只不過我沒有注意到而已。」長年來的高強度運動開始產生後果，她全身是傷，行動能力受損，再也無法運動。她回憶道，「我睡不著覺，被恐懼、恐慌與疲勞擊垮，就連我的拼命三郎個性也克服不了這些狀況。我對憂鬱和焦慮一直不陌生，但此時我再也壓制不住它們了。我已經不能『沒事』了，我的世界分崩離析。」

原來，艾莉森進入了早期更年期。除了甲狀腺不再發揮功能，她還有許多大大小小的毛病，在她眼中，她從高成就者變成了「高風險、匱乏、不夠好、低下、變慢和變差的人」。她是「一個老女人住在 45 歲的身體裡」。

比身體的毛病更可怕的是，她很害怕「最好」已經離她遠去，她也擔心，萬一「最好」其實沒有她所想的那麼好，該怎麼辦？萬一她在人生上半場並沒有達到她應該達到的成就，該怎麼辦？提早陷入這個絕境的安慰獎在哪裡？

艾莉森還說,「我拼命想要放下自我(ego)驅使的完美主義,我一輩子都是完美主義者。我一直在猜,『就是這個嗎?』但我唯一知道的價值觀,是過去那些對我已經沒有幫助的死板僵化的價值觀。少了那些價值觀,我還有什麼?我會是什麼人?我有什麼價值?

艾莉森的母親因為一種罕見的骨髓疾病過世,不久之後,艾莉森開始重新思考她與中年的關係。在她保有的照片和記憶中,母親一直青春永駐。

這實在很諷刺:她人生中最大的悲劇是,她沒有機會變老。正當她失去了活躍的生活方式與她用來定義自己的美貌,她找到了母親的精神、力量與求生意志,那正是她的本質。

艾莉森在電子郵件的最後寫道,

> 我們無法在年輕與變老之間做選擇,假如我們以為我們可以做選擇,只會害死自己。我現在終於明白了。假如我們選擇生命,我們就會變老,我們的下巴會長出毛髮,我們的聽力會變差,我們會改穿好走的鞋子。我知道我只有一個選項,但我依然很容易被別人影響,去做馬尾臉部拉提、做冰浴、吃薑黃素。奇普,我很感謝你提醒了我,成長與變老是同一回事。

是的,成長與變老同時發生。但諷刺的是,成長會幫助我們變老。

對我來說,中年是最棒的時候,也是最糟的時候。我在中年明白,變老的重點不是「長大」(growing up),而是「長成」(growing into)某個樣子,尤其是我們獨一無二的特色(相信我,我有很多奇特的癖好)。我在中年學會在生命的模稜兩可之處,得到更多的安慰。我也明白,當我處於過渡狀態,我會發現我在正常的時候隱藏起來的其他面貌。我覺得很榮幸,能在其他人過渡到中年的過程中,成為他們的嚮導。

我在每年的年底,會把愛上中年的勇敢冒險的理由重新排序,看看哪個理由最能引起我的共鳴。在最近一次的排序中,我把第 7 章的主題(了解我的故事)排在第一,第 10 章的主題(時間富裕)排在最後,這或許是因為我一方面正在寫這本書,一方面要管理現代長老學院,同時要向全世界宣揚中年的好。我希望我的排序能引起你的共鳴。我希望本書能幫助你對中年開始心生嚮往。

我寫本書最主要的原因是,我想聽聽你的故事。歡迎你把你的故事寄到 stories@chipconley.com 給我。2023 年 1 月 1 日,我正對於自己想做的事太多,但擁有的時間太少而感到難過,艾莉森的信突然在最剛好的時間點冒出來。謝謝你在人生中這個

最特別的階段,與我分享你內心最脆弱的部分與你的勇氣。我們的人生境況都因此變得更好了。

致謝

我在本書用了「助產士」這個詞,現在讓我來感謝一些人,你們的催生能力把這本書變得更好了。

我的經紀人 Richard Pine 有一個精巧的垃圾話偵測計,所以當他告訴我,寫這本書的時候到了,我深受鼓舞。他幫我聯絡上慧眼獨具的 Talia Krohn,她是我上一本書《除了經驗,我們還剩下什麼?》(*Wisdom@Work: The Making of a Modern Elder*)的編輯,她已經換到另一家出版社工作了。我很喜歡跟她合作,因為她是我的「許可官」,她允許我把我的靈魂放進一本書,同時不會放飛自我,太過頻繁使用加州人的當地用語。感謝 Little, Brown Spark (Hachette) 出版社的團隊,包括 Karina Leon、Juliana Horbachevsky、Betsy Uhrig、Sabrina Callahan 與 Jessica Chun。

Bill Apablasa 是我的部落格「智慧之井」(Wisdom Well)的編輯,也是本書很重要的夥伴,因為本書有許多內容來自我的部落格。感謝那些願意讀我的草稿並給我回饋的人:

Jeff Hamaoui、Kari Cardinale、Leslie Bartlett、Gabriela Domicelj、Skylar Skikos（現代長老學院的第四位合夥人）、Barbara Vacarr、Eduardo Briceño、Marc Freedman、Barbara Waxman、Heather McLeod Grant、Pat Whitty、Douglas Tsoi、Debra Amador DeLaRosa，以及Vanda Marlow。（若有遺漏，請見諒！）

　　本書提及的許多私人故事，來自部落格「智慧之井」的客座文章，我想要向所有的作者說聲謝謝。其中許多人是現代長老學院的畢業生，所以我想要向現代長老學院團隊的每一個人，表達我衷心的感謝，尤其是在墨西哥南下加州（Baja）跟我們共事了六年的夥伴。你們為我們所有的學生創造了完美的條件，讓他們得以體驗人生的轉變頓悟時刻。

　　我想要公開感謝 Nicole Nichols 和 Gemma Korus 為本書和現代長老學院做宣傳。他們充滿創意、絕不放棄，而且秉性耿直，這在公關界相當不容易。

　　我的瘋狂隨興人生全靠我的家人坐鎮，才得以穩若泰山，他們是：我的伴侶 Oren Bronstein、Laura Spanjian、Susan Christian 和我們的兩個兒子，我的父母、我的姊妹 Anne 與 Cathy（Anne，若少了你，我一定辦不到！），以及可愛的牙買加姊妹兼室友 Cookie Kinkead。

　　最後，孕育本書的土壤是幾個沒有熬過中年的美好靈魂：

Chip、Brian、Arthur、Vince 和 Vic。這幾個朋友在四十多歲到五十歲出頭的時候,卡在中年的蝶蛹裡,找不到破繭而出的路。我的好友們,你們啟發了我,把這個新的中年地圖畫出來,有太多人誤解了這個人生階段。

參考書目

內文提及書籍

Brooks, Arthur C. *From Strength to Strength: Finding Success, Happiness, and Deep Purpose in the Second Half of Life*. New York: Portfolio, 2022.

Brooks, Arthur C. "No One Cares!" *The Atlantic* (New York). Nov. 11, 2021.

Brooks, David. *The Road to Character*. New York: Random House, 2016.

Grossman, Igor. "The Science of Wisdom." *The University of Chicago Center for Practical Wisdom* (Chicago). Oct. 15, 2020.

Hall, G. Stanley. *Adolescence*. New York: D. Appleton & Company, 1904.

Labalme, Victoria. *Risk Forward*. Carlsbad, CA: Hay House Business, 2021.

Manson, Mark. *The Subtle Art of Not Giving a Fuck: A Counterintuitive Approach to Living a Good Life*. New York: Harper, 2016.

Psaris, Jett. *Hidden Blessings: Midlife Crisis as a Spiritual Awakening*. Oakland, CA: Sacred River Press, 2017.

Rauch, Jonathan. "The Real Roots of Midlife Crisis." *The Atlantic* (New York). Dec. 15, 2014.

Rohr, Richard. *Falling Upward: A Spirituality for the Two Halves of Life*. San Francisco: Jossey-Bass, 2011.

Updike, John. *A Month of Sundays*. New York: Knopf Publishing Group, 1975.

Vanderbilt, Tom. *Beginners: The Joy and Transformative Power of Lifelong Learning*. New York: Knopf Publishing Group, 2021.

Vogler, Christopher. *Writer's Journey: Mythic Structure for Storytellers & Screenwriters*. Studio City, CA: Michael Wiese Productions, 1992.

Waldinger, Robert J., and Marc S. Schulz. *The Good Life: Lessons from the World's Longest Scientific Study of Happiness*. New York: Simon & Schuster, 2023.

Williams, Margery. *The Velveteen Rabbit*. London: George H. Doran Company, 1922.

Williams, Tennessee. "The Catastrophe of Success." *New York Times* (New York), Nov. 30, 1947.

作者推薦的 10 本書

Angeles, Arrien. *The Second Half of Life: Opening the Eight Gates of Wisdom*. Boulder, CO: Sounds True, 2005.

Brizendine, Louann. *The Upgrade: How the Female Brain Gets Stronger and Better in Midlife and Beyond*. New York: Harmony Books, 2022.

Freedman, Marc. *How to Live Forever: The Enduring Power of Connecting the Generations*. New York: Public Affairs, 2019.

Hollis, James. *The Middle Passage: From Misery to Meaning in Midlife*. Toronto: Inner City Books, 1993.

Jackson, Mark. *Broken Dreams: An Intimate History of the Midlife Crisis*. London: Reaktion Books, 2021.

Lawrence- Lightfoot, Sara. *The Third Chapter: Passion, Risk, and Adventure in the 25 Years after 50*. New York: Sarah Crichton Books, 2009.

Levy, Becca. *Breaking the Age Code: How Your Beliefs about Aging Determine How Long and Well You Live*. New York: William Morrow & Company, 2022.

Rauch, Jonathan. *The Happiness Curve: Why Life Gets Better after 50*. New York: St. Martin's Press, 2018.

White, Elizabeth. 55, *Underemployed, and Faking Normal: Your Guide to a Better Life*. New York: Simon & Schuster, 2019.

Zweig, Connie. *The Inner Work of Age: Shifting from Role to Soul*. Rochester, VT: Park Street Press, 2021.

國家圖書館出版品預行編目（CIP）資料

中年的選擇 / 奇普・康利（Chip Conley）著，廖建容譯. -- 第一版. -- 臺北市：天下雜誌, 2024.10
　面；　公分. --（心靈成長；114）
譯自：Learning to Love Midlife: 12 Reasons Why Life Gets Better with Age
ISBN　978-626-7468-61-6（平裝）
1. CST: 自我肯定　2.CST: 自我實現
177.2　　　　　　　　　　　　　　113015117

心靈成長 114

中年的選擇
LEARNING TO LOVE MIDLIFE: 12 Reasons Why Life Gets Better with Age

作　　　者／奇普・康利 Chip Conley
譯　　　者／廖建容
封 面 設 計／葉馥儀
內 頁 排 版／林婕瀅
責 任 編 輯／鍾旻錦

天下雜誌群創辦人／殷允芃
天下雜誌董事長／吳迎春
出版部總編輯／吳韻儀
出　版　者／天下雜誌股份有限公司
地　　　址／台北市 104 南京東路二段 139 號 11 樓
讀者服務／（02）2662-0332　傳真／（02）2662-6048
天下雜誌 GROUP 網址／ http://www.cw.com.tw
劃撥帳號／ 01895001 天下雜誌股份有限公司
法律顧問／台英國際商務法律事務所・羅明通律師
製版印刷／中原造像股份有限公司
總　經　銷／大和圖書有限公司　電話／（02）8990-2588
出版日期／ 2024 年 11 月 27 日第一版第一次印行
定　　　價／ 380 元

Copyright © 2024 Chip Conley
This edition is published by arrangement with InkWell Management LLC through Andrew Nurnberg Associates International Limited.
Complex Chinese copyright © 2024 by CommonWealth Magazine Co., Ltd.
All rights reserved.

書號：BCCG0114P
ISBN：978-626-7468-61-6（平裝）

直營門市書香花園　台北市建國北路二段 6 巷 11 號　（02）25061635
天下網路書店 shop.cwbook.com.tw
天下雜誌出版部落格──我讀網 books.cw.com.tw/
天下讀者俱樂部 Facebook www.facebook.com/cwbookclub

本書如有缺頁、破損、裝訂錯誤，請寄回本公司調換